Bernd Martinschitz

Die lebendige Kraft der Berge

BERND MARTINSCHITZ

DIE **LEBENDIGE KRAFT** DER **BERGE**

DAS GEMEINSAME WACHSEN VON MENSCH UND NATUR

SILBERSCHNUR VERLAG

MIX
Papier aus verantwortungsvollen Quellen
FSC® C014138

ISBN: 978-3-89845-558-9

1. Auflage 2018

Gestaltung & Satz: XPresentation, Güllesheim
Umschlaggestaltung: XPresentation, Güllesheim; unter Verwendung eines Motivs von © Kotenko Oleksandr, www.shutterstock.com
Druck: Finidr, s.r.o. Cesky Tesin

Verlag »Die Silberschnur« GmbH · Steinstraße 1 · D-56593 Güllesheim
www.silberschnur.de · E-Mail: info@silberschnur.de

Die Menschen
sollen wieder lernen,
uns als das zu erkennen,
was wir sind.

Als Wesenheiten
die fühlen und atmen,
aufnehmen und ausstrahlen,
verteilen und zentrieren
und euch lehren,
in all der Natur
das Lebendige zu sehen
und zugleich
sich selbst als Spiegelbild
darin zu erkennen.

Monte Cimone
2379 m

Inhalt

Vorwort

„*Deine Zukunft liegt in den Bergen*" - ein Satz, den ich vor vielen Jahren in einer Nacht während des Schlafes wahrgenommen hatte und der mich aufwachen ließ. Damals ahnte ich nicht im Geringsten, woher diese Worte gekommen waren, ob ich mitten aus einem Traum gerissen worden war oder ob ich es mir einfach *nur eingebildet* hatte.

Die Worte sind daraufhin wieder in Vergessenheit geraten, wie alles langsam in Vergessenheit gerät - oder man glaubt zumindest, dass es vergessen ist. Doch der Satz sollte sich in der Zukunft dichter und dichter in mein Bewusstsein drängen und mir immer deutlicher zeigen, wohin mein Weg mich führen würde.

Wenn ich damals einen Berg bestieg, dann nur nach Puls, Höhe, Zeit und in Begleitung eines Trainingsplans, der darauf ausgerichtet war, eine weitere Leistungsverbesserung bei einem Berglauf oder einem Marathon zu erzielen.

Natürlich war es für mich schon damals eindrucksvoll, auf einem Gipfel zu stehen oder erneut einen Berg *bezwungen* zu haben. Dieses Gefühl der Grenzenlosigkeit und Weite zu erfahren und trotz der körperlichen Verausgabung auch ein inneres Glücksgefühl zu empfinden. Doch lag damals das Wesentliche viel mehr darin, eine Leistung zu erbringen oder eine Trainingseinheit absolviert zu haben. Das Lebendige und Kraftvolle der Natur - wenn ich heute darüber nachdenke - war damals eher eine *Nebenerscheinung*. Ich war weit entfernt von der Freiheit, davon, die verschiedensten Qualitäten unseres Lebensraumes und das Einzigartige sowie Wundersame jedes einzelnen Berges in mich aufzunehmen oder mich einfach zu öffnen für das Vitale und Wesenhafte dieser Orte. Kurz gesagt, ich *übersah*, was in den vielen Steinen, Bäumen und Gipfeln gezeichnet und zu spüren war. Minuten und Pulsschläge, mentale Muster und emotionale Verformungen bildeten Grenzen, die es mir nicht erlaubten, das Lebendige und Pulsierende der Erde zu sehen.

Nach und nach aber sollte sich dieses Gerüst verändern, und ich wurde durch eine Krankheit, die meinen Körper und meinen Geist auf einen schmalen Grat gedrängt hatten, gezwungen, dieses Muster, dieses mentale Programm zu erkennen, zu durchschauen. Oder mein körperliches und seelisches Ungleichgewicht hatte mich gezwungen, diesen Zustand *durchschauen zu müssen*. Das Erleben machte mir deutlich, dass es an der Zeit war, mich für etwas Wesentlicheres zu öffnen, mich einer anderen Wahrnehmungsebene anzunähern, Schritt für Schritt, Höhenmeter für Höhenmeter.

Nachdem ich auf einem langen Weg der Heilung eine Unzahl von wissenschaftlichen Büchern über Psychologie, Pathologie und Philosophie gelesen hatte, wurde mir immer bewusster, dass sich hinter diesen Tabellen, Zahlen und Fakten unserer Wissenschaften weit mehr verstecken musste, als in der gängigen Literatur zu finden war. Es fehlte sozusagen der Boden, in dem diese Strukturen wurzeln konnten. Und so war es wie das langsame Öffnen eines großen geschmiedeten Tors, welches sich nur Millimeter um Millimeter bewegen ließ – je weiter, desto ernsthafter ich unsere wissenschaftsorientierten Denkmuster immer wieder hinterfragte und durchleuchtete.

Das Aufgehen dieses ersten Türspaltes öffnete mir zugleich den Blick in eine andere, weitaus größer wirkende Welt und bildete gleichzeitig auch den Anfang einer langen Auseinandersetzung mit vielen Methoden der Naturmedizin und Naturphilosophie. Natürlich erwies es sich als große Schwierigkeit, eine gewohnte Welt aus mentalen Denkformeln und Zahlenspielen zu durchleuchten und zu hinterfragen sowie zu erkennen, in welcher Resonanz man selbst in dieser Welt hin- und herpendelt und sich an alles, was erklärbar ist, fast panisch festklammert.

Gleichzeitig entwickelte sich aber auf einer anderen Seite das Gefühl, einen neuen Raum zu betreten oder eine Begegnung mit einer neuen Freiheit zu machen, in der eigentlich keine Notwendigkeit mehr besteht, irgendetwas beweisen, bewerten oder messen zu wollen. Ich erkannte den Grund und dadurch auch den Sinn. Oder einfacher gesagt: Es gab keinen Grund mehr, nach einem Sinn zu suchen.

Während dieser persönlichen Genesungsphase wurde mir immer bewusster, welche Grenzen in der Entwicklung und der Geschichte der Menschheit gesetzt worden sind, um erst dieses rein verstandesorientierte und enge Denkkleid zu schaffen, in dem der Verstand den Körper beherrscht, den Geist besetzt und auch glaubt, die Seele *im Griff zu haben*.

Den Anfang hiervon sehe ich in der Zeit, als das römische Imperium über die restliche Welt herfiel, getrieben von einem ethisch überzeugten Größenwahn. Man nahm sich die Philosophie der alten Griechen und anderen weisen Völker des Orients zur Brust und glaubte in der Folge, mit dem Schwert Zivilisation und Kultur verbreiten zu können. So wurden die sogenannten heidnischen Völker, wie die Kelten, Germanen oder Slawen, niedergemetzelt und mussten sich der römischen Ethik unterordnen. Die Heiligtümer der alten Völker, wie uralte Bäume oder Steinformationen, die an kraftvollen Orten standen, wurden gefällt oder zerstört, um darüber römische Tempel oder später Kirchen zu bauen, um der Natur ihre Heilkraft zu entziehen oder diese in die Heiligenfiguren der Weltlichkeit zu bannen.

Weiter ging es in diesem Stil im Mittelalter, als sich die Verstandeswissenschaft unserer heutigen Medizin langsam bildete und sich parallel dazu der Gegenentwurf, die alles beherrschende Kirche, weiter formte und formierte. Während der alte Katholizismus noch das Zepter schwang, wurde im Laufe dieser Epochen die menschliche Anatomie - das Körperliche und Greifbare - immer mehr verständlich gemacht. Überall in einem Europa, das sich in der Renaissance vermehrt auf die Tugenden der Vernunft besann, schossen Universitäten wie Pilze aus der Erde und man begann immer mehr, durch das Skalpell zu denken und später auch durch das Mikroskop zu fühlen. Gleichzeitig bedeutete dieser Entwicklungsschritt aber, dass die Verbindung zur Natur und zur Einheit mit jedem sezierten Herzen verloren ging, verloren gehen musste. Im übertragenen Sinne entfernte man in den Universitäten das alte Herz der Wissenschaft immer weiter und versuchte, jene Kraft der Einheit und Verwobenheit aus den Köpfen zu entfernen. Alles, was vorher Jahrtausende entstehen und wachsen durfte, wurde herausoperiert und in Zahlen und Fakten gebannt. So sind wir aus einer natürlichen Weltanschauung, wie diese der Philosophie der alten Griechen oder des Orients noch innewohnte, *hineingeschlittert* in eine hermetisch abgeriegelte Welt aus Strukturen, Systemen und Apparaten, Krankheiten und Seuchen. Das Denken wurde kategorisiert und in undurchdringbare Zäune gepfercht. Religion, Politik und Medizin hatten es sich zur höchsten Aufgabe gemacht, den Menschen aus einer Einheit hinein in eine Unfreiheit zu manövrieren. Der Mensch wurde sozusagen in diesem Käfig aus Materiellem, Mentalem und Intellektuellem eingeschlossen, gezüchtigt und bis heute darin festgehalten. Ein Käfig, in dem wir bis in die Gegenwart mit einer ungeheuerlichen Perfektion gesteuert und mit Zinsen und Krediten genährt werden. So entstand eine *Notwendigkeit des Vergessens*, sich überhaupt in einer Gefangenschaft des Geistes und des Herzens zu befinden.

Heute sehe ich aber eine Zeit gekommen, in der immer mehr Menschen diese Systematik erkennen und in der immer mehr Menschen nicht gegen die Natur, sondern wieder mit ihr leben wollen. Der Käfig, der uns lange Zeit eingeengt hat, fängt an, im Rost brüchig zu werden. Anders könnte man auch sagen, dass unserer guten alten Mutter Erde nun selbst einiges bewusst geworden ist und sie nun auch dieses Erwachen in ihren Menschenkindern sehen möchte, so dass sie ihr selbstgeschaffenes Gefängnis erkennen und Verantwortung für ihr Handeln und Tun übernehmen mögen. Es ist eine äußerst intensive Zeit der Wahrnehmung und der Wandlung gekommen, die jeden Ruf, den wir in der Vergangenheit getan haben, aus den weiten Tälern und von schroffen Felswänden widerhallen und uns aufwachen lässt. Eine Zeit, die uns verdeutlicht und weiter verdeutlichen wird, auf welch lockerem Gestein die Politik, die Kirche oder die gesamte Finanzwelt gebaut sind. Der Käfig wird dadurch immer mehr zu einer Farce, und die Menschheit beginnt kopfschüttelnd wahrzunehmen, in welch betrügerischen Welten wir genötigt und missbraucht worden sind.

In meiner Geschichte trug auch ein Buch dazu bei, welches mich dabei unterstützte, diesen ersten Spalt in der Tür zu öffnen. Zu dieser Zeit gab es ähnlich viele Bücher wie heute, die sich mit Energetik, Esoterik und Naturheilkunde beschäftigten. Ich selbst war Buchhändler und wusste genau um die Vielfalt und Auswahl. Umso interessanter fand ich es, auf diesen Klassiker aus den Sechzigern zu stoßen. Es war die Geschichte eines jungen Inders, der in der Mitte des 20. Jahrhunderts den Auftrag verspürte, in den Westen zu reisen, um dort die Lehre des Yoga zu verkünden. Natürlich hat es davor schon ähnliche Werke und danach wohl tausende mehr gegeben. Was aber dieses Buch so einzigartig machte, war die Bescheidenheit und Einfachheit, die Herzensqualität und

Verbundenheit zur Natur. Keine Verbote und Entsagungen, kein indischer Gesang und keine Niederwerfungen, keine Mantren in Sanskrit und kein "Du musst". Einfach ein Werk, das von einem stillen und leuchtenden Geist durchdrungen war, dessen Inhalt das östliche Denken mit dem westlichen verband und im Wesentlichen beschrieb, wie und wo sich beide Denkarten begegnen und auch, was mir ganz wichtig erscheint, dass beide Ebenen eigentlich eine einzige sind, wenn man die Natur als das erkennt, was sie ist - als kraftgebende und lebendige Essenz, die nicht im Außen zu suchen ist und sich uns als Spiegelbild öffnet.

Yesudian, der Autor des Buches, versuchte also nicht, dem Westen eine fremde Spiritualität überzustülpen, sondern erkannte die Seelen beider Weltenpole und suchte darin die Einheit. Je mehr ich davon in mein Denken und in meinen Alltag hatte einfließen lassen, je mehr ich die wunderbaren Asanas des Yogas übte, desto weiter wuchs auch mein Verstehen und desto heilvoller wirkte sich dies auf meinen Körper und meine Emotionen aus. Es war eine Zeit des Verstehens, des Zusammenfügens und zugleich war es eine Zeit, in der durch dieses Verstehen nach und nach eine Heilung geschehen durfte.

Bei meiner Ausbildung zum Shiatsu-Praktiker und natürlich im täglichen Praktizieren kam ich dann mit der Philosophie der Naturmedizin noch enger in Verbindung. Ich erlernte die Anschauung der Fünf Elemente und die Philosophie der Traditionellen Chinesischen Medizin, deren Basis es auch ist, den Menschen als Teil der Natur zu betrachten. Und so geschah es nach vielen Jahren und unzähligen Behandlungen, die ich gegeben hatte, dass ich immer weiter in die feinen Essenzen des Lebens und die vitalen Membranen vordringen durfte, ich lernte nicht nur durch Talent, nicht durch einen Blitzschlag, sondern durch tausende Behandlungen, die Energien im Menschen und im Raum zu spüren.

Gleichzeitig war mir die Verwobenheit immer bewusster geworden und damit auch, dass nirgendwo eine Trennung sein kann. Und so veränderte sich meine Wahrnehmung, mein Empfinden und meine Sensibilität verfeinerte sich. Wenn ich jetzt bei einer Quelle Rast machte, um dort Wasser zu trinken, verspürte ich deutliche Unterschiede in der Qualität und der Wirkung zwischen dem Wasser, das aus der Leitung kommt, und dem, welches voller Kraft zwischen Steinen hervorquillt. Der Wind, die Kälte oder der Regen wurden nicht mehr als unliebsam empfunden, sondern als Sprache der Elemente, die es neu zu übersetzen galt.

Manchmal besuchte ich einen Berg gerade deshalb, weil es draußen regnete oder schneite, und tauchte ein in dieses nährende Element des Wassers, in diese Formgebung der Natur. Im Denken besitzen wir die Eigenschaft, die äußerlichen Qualitäten zu formen oder - einfacher gesagt - sie zu dem zu machen, als was wir sie erkennen wollen, wie wir sie sehen und wie diese demnach im Nachhinein auf uns wirken. Wenn wir denken, dass es draußen kalt ist, wird uns kälter, und wenn wir manifestieren, dass wir genau bei dieser Kälte krank werden, so öffnen wir uns dafür, eine Krankheit in uns entstehen zu lassen. Doch wenn wir eintauchen in den Regen, in die Hitze, in die Dunkelheit und genau diese Eigenschaften in uns aufnehmen, sie als Kraft wahrnehmen und nicht *negativ* bewerten, so können uns jene auch nicht in ein körperliches Ungleichgewicht führen, ganz im Gegenteil. Demnach programmieren wir uns täglich selbst mit alten Gedankenmustern, und in vielen Fällen sind es diese dann auch, die uns in eine Krankheit begleiten.

Ich bemerkte nach und nach, wie eng die Elemente und Zustände der Natur sich in Verknüpfung mit den Menschen und ihren Denkmustern befinden oder wie das gesamte Außen zu einem Spiegelbild unserer Innenansicht werden kann. Bei einer intensiven Beschäftigung mit der Lehre der Fünf Elemente Erde,

Wasser, Metall, Feuer und Holz, durfte ich noch weiter in ein Verständnis der Wechselwirkung von Mensch und Natur eintauchen. Bei dieser Anschauung wurde bereits vor vielen Tausenden von Jahren ein Bild erschaffen, das es uns ermöglicht, die natürlichen Qualitäten unseres Umfelds auch therapeutisch und diagnostisch für die Menschen zu nutzen. Mit seiner Hilfe ist es möglich, ein Zuviel an Kälte und zugleich auch ein Übermaß an Hitze im Menschen zu erzeugen. Man erkennt, warum der Körper diese Kälte durch Hitze auszubrennen versucht oder welche Nahrungsmittel oder Kräuter hier wieder zu einem rascheren Ausgleich der beiden Polaritäten Hitze und Kälte führen können.

Zugleich erkannte ich aber, dass der menschliche Körper sich in einem Krankheitsfall eigentlich ähnlich verhält wie die Natur zum Beispiel nach einem Unwetter. In meiner täglichen Praxis durfte ich dann erfahren, wie leicht es wiederum sein kann, den Menschen in einen gesunden Zustand zurückzuführen, wenn die krankheitsauslösenden Faktoren von jedem Einzelnen selbst erkannt worden sind, wenn man zum Beispiel die Energiebahnen geöffnet hat; selbstverständlich nur, wenn dieser auch bereit und offen dafür war, dies zu verstehen und es in sich selbst reifen und wirken zu lassen. So lernte ich auch, dass niemals der Therapeut, Arzt oder Heiler heilt, sondern dass dieser nur eine Basis schafft, auf der man sich selbst erkennt und dadurch auch sein Ungleichgewicht wahrnimmt, welches eine Krankheit hat entstehen lassen.

Und so geschah es auch, dass ich nach weiteren Möglichkeiten suchte, mich weiterzubilden und zu formen. Ich begann eine Geomantieausbildung und erlernte über Jahre eine noch tiefere Verbundenheit zwischen uns Menschen und der Erde bzw. ihren Elementen und Strukturen. In diesem wunderbaren Austausch der Kräfte verbrachte ich eine ebenso wunderbare Zeit zwischen einer gut gehenden Praxis als Shiatsupraktiker, meiner Familie und meinen Bergen. Ich arbeitete an einem geomantischen Projekt, welches die Berge des Gebirgskrieges 1915 bis 1918 in den Julischen und Karnischen Alpen zum Thema hatte. An die einhundert Berge waren es in dieser Zeit, die ich erwanderte, erstieg und erkletterte. Ich tauchte ein in die Wunden dieser Berge und in die Wunden unserer Geschichte und stellte fest, wie tief und manifest der Krieg noch in unserer Landschaft weilt und zugleich in den Menschen wirkt. Entlang der damaligen und heutigen Grenzen unserer aller Staaten konnte ich mental nicht fassen, welchem Leid die Soldaten im Hochgebirge ausgesetzt waren, wobei die meisten von ihnen nicht im Kampf ums Leben gekommen waren, sondern durch Kälte und Schnee. Oft verbrachte ich selbst Nächte in Hütten, wo hundert Jahre zuvor Soldaten Monate verbrachten, und spürte auch hier, dass sich bis ins Heute Berge in ihrer Ausstrahlung von diesen unsagbaren Kämpfen und Leiden beeinträchtigt zeigten, zumindest spürte ich das, was in das Bewusstseinsfeld des Menschen dringen konnte. Bei wenigen von ihnen wirkte nicht nur allein der Schmerz, die Angst und die Gewalt des Krieges. Es war so, als schien der gesamte Berg, das Wesen des Berges selbst, traumatisiert zu sein. Ganze Landschaftsabschnitte waren vernichtet worden und bei einigen Bergen ist der gesamte Gipfelbereich weggesprengt worden, der Berg ist bildlich gesehen geköpft worden.

Und gerade jene Berge zogen mich magisch an, so dass ich nicht anders konnte, als mich ganz und gar über Jahre hinweg mit ihnen zu beschäftigen. So kam ich dem Wesen der Berge näher und näher. Ich lernte von unterschiedlichsten Charakteren mit unterschiedlichstem Charisma. Ich fühlte die Kräfte und Ausstrahlungen. Versuchte, ihre Sprache zu verstehen, und scheiterte oft an den Antworten. Oft schienen die kleinen und unbekannten Berge kräftiger und wesenhafter zu sein als die großen und oft bestiegenen. Sie alle bildeten eine Einheit untereinander, die sich in sich austauschte, in Perfektion kommunizierte, Aufgaben übernahm und diese auch teilte. Sie waren die Riesen, die den Odem der Erde ein- und ausatmeten, die Liebe ausstrahlten, aber auch Ängste manifestierten. Sie waren die Herrscher der Landschaften, die untereinander und miteinander in einer Einheit thronten, die wir Erde nennen.

In einem Loslassen, Aufarbeiten und gleichzeitigen Wiederankommen erkenne ich heute, dass die Verbindung mit der Natur und ihren Bergen immer bestand, für uns alle immer bestehen muss. Die Verbundenheit mit der Erde und ihren elementaren Landschaften, mit den Bäumen, Steinen, Pflanzen und Tieren, mit den seelischen und geistigen Essenzen unseres gesamten Umfelds. Und so hatte ich auch die Erfahrung gemacht bzw. einen Reifungsprozess durchschritten, an dessen Ende ich fähig war, der alten, schmerzenden Energie des Krieges und seinen Schauplätzen anders zu begegnen, als ich dies zuvor bewertend getan hatte. Ich konnte dieses nicht tief verankerte Bild langsam aus der Landschaft lösen und es als völlig anders erkennen, ich konnte eben dahinter sehen und diese ursprüngliche, archaische Kraft erkennen, welche die Gesamtheit der Erde und all ihre Lebewesen durchstrahlt.

Dieses Erleben und Bewusstmachen möchte ich in dem vorliegenden Buch teilen und einen vielleicht anderen oder weiteren Zugang dadurch ermöglichen. Es gilt lediglich, eine Einladung auszusprechen, mit auf eine Reise zu gehen, auf eine Bergfahrt, auf der wir die wunderbare Ganzheit der Erde und ihrer Felsriesen erfahren. Dadurch kann eine Öffnung entstehen, die es uns erlaubt, die nächsten Jahre des Klima- und Erdwandels mit anderen Augen zu betrachten, als dies die heutige Wissenschaft oft tut. Ich möchte beschreiben, wie zart und fein alles miteinander verwoben ist, um auch diverse Medienberichte zu entschärfen, die

Bild 1: Am Creta Grauzaria in den Friulanischen Dolomiten

1

oft strafend und drohend wirken und uns allzu oft an eine Ausweglosigkeit, eine ungewisse Zukunft bzw. einen bevorstehenden Weltuntergang glauben lassen.

Natürlich werden in nächster Zeit viele Veränderungen auf vielen Ebenen geschehen, die nicht in ein altes, gewohntes Leben und Denken integriert werden können. Gerade deshalb aber sollten wir uns aufgefordert fühlen, diese Veränderungen mitzumachen, diesen Wandel der Erde mit zu erfahren und in diesem entstehenden offenen Zusammenleben mit der Welt auch das Lebendige, Gesunde und Liebevolle unserer Zivilisation zu erkennen. In dieser gelebten Verbindung von Mensch und Raum, Tier und Pflanze, Berg und See können wir wieder lernen, den Wandel des Klimas und der Finanzwelt aus einem weiteren Blickwinkel zu sehen: Die Erde lädt uns ein - heute mehr als jemals zuvor -, mit ihr zu wachsen und mit ihr - sozusagen Hand in Hand - neue Ideen entstehen zu lassen, neue Möglichkeiten zu erdenken und neue Lebensweisen zu kreieren, anstatt sich mit Angst in alte Systeme zu verkrallen. Nur in diesem Prozess der Veränderung bzw. durch das Akzeptieren der Erneuerung können die alten, schmerzenden Bilder aus der Landschaft und gleichzeitig aus unseren Seelen gelöscht werden.

Einleitung

Die Hüter unseres Lebensraums

Als ich mich damals für das Wesen der Natur zu öffnen begann, nahm ich immer deutlicher wahr, dass mich eine Kraft besonders stark anzog - die Welt der Berge. Anfangs waren es noch die Berge, die in meiner nächsten Umgebung als schwierig galten oder die die meisten Höhenmeter aufwiesen. Nach und nach aber verlor sich auch hier diese Art der Betrachtung und ich begann, mich immer mehr für die unterschiedliche Charakteristik der Felsriesen zu interessieren. Neben entsprechender Ausrüstung erwarb ich auch Literatur, von der ich mir erhoffte, sie würde mich auf meiner Reise in das Innere der Berge unterstützen. Bald schon stellte ich fest, dass es fast ausschließlich Bücher oder Filme über Berge und deren Besteiger gab, die von Extremen erzählten. Todeszonen, Gletscherspalten und übermenschliche Leistungen scheinen das Publikum mehr anzuziehen als die (leistungsfreie) Betrachtung der Vielfältigkeit und Schönheit der Natur. Aus dem Wunsch heraus, immer herausragendere Leistungen zu vollbringen, drängen sich heute Bergsteigermassen in langen Warteschlangen den größten Gipfeln unserer Welt entgegen. Zeltlager, fast Dörfern gleich, werden errichtet und als Basislager erklärt. Bergsteigermassen - Touristenschwärmen gleich - hinterlassen Tonnen von Müll und entzaubern die Unberührtheit der Natur. Teilweise von einheimischen Führern auf den Gipfel getragen, werden sie dann stolz berichten können, einen besonders hohen Berg erstiegen oder einen besonders schwierigen Felsen erklettert zu haben. Nach Anerkennung und Selbstwert ringend, bilden diese Menschen heute einen gar nicht geringen Teil der Bergsteigerwelt.

Als ich mich damals der Gebirgswelt zu nähern begann, zog ein Berg mich immer intensiver in seinen Bann. Es handelte sich um keinen der Großen und Schwierigen, die nur mit Seilen und Haken zu bezwingen sind, sondern um einen Wanderberg inmitten der Julischen Alpen. Damals konnte ich überhaupt nicht erkennen, warum mich gerade dieser Berg so angezogen hat oder wie mein Schicksal mit ihm in Verbindung stand. Ich weiß nur zu behaupten, wie es ist, wenn einen sprichwörtlich "der Berg ruft". In manchen Nächten wachte ich auf und hatte seinen Namen in meinen Gedanken, so als wäre er mir zugetragen worden, so als hätte ihn mir jemand gesagt. Öffnete ich eine Karte dieses Gebiets, haftete mein erster Blick immer an den Buchstaben dieses Berges. Im Vorbeifahren zog es meine Aufmerksamkeit immer wieder auf diesen Berg. Deutlich und deutlicher werdend.

Ich kannte diesen Berg und hatte ihn schon vor einigen Jahren auf einer leichteren Route im Sommer bestiegen. Er war mir landschaftlich schön in Erinnerung geblieben, abgesehen von den Stellungsresten und Kavernen, die überall - teilweise verfallen und zerstört - aus der Zeit des Ersten Weltkriegs übrig geblieben und damals in den Fels des Berges geschlagen worden waren. Doch diesmal war es mitten im Winter, und der Berg hörte nicht auf, sich in meinem Bewusstsein zu verfestigen. Und so geschah es, dass ich Anfang Jänner aufbrach und über eine mir unbekannte Route den Berg besteigen wollte. Ich wusste von einem Steinhaus aus dem Ersten Weltkrieg, welches in den 30er-Jahren als Biwak umgebaut worden war und wo ich eine Nacht verbringen wollte, um am nächsten Tag wieder den mir bekannten Weg ins Tal zu nehmen. Die Wettervorhersage war gut und ich machte mich mit einem großen Rucksack auf den Weg, den *Jof di Miezegnot* zu besteigen.

Als ich nach etwa zwei Stunden eine Kapelle erreicht hatte, die zum Gedenken der im Ersten Weltkrieg gefallenen Soldaten errichtet worden war, hatte ich urplötzlich ein tief beklemmendes Gefühl. Urängste und zugleich eine tiefe Überzeugung, mich hier einer großen Gefahr auszusetzen, drängten an die Oberfläche meines Bewusstseins. Natürlich hätte ich umkehren und mich von diesen Gefühlen und Ängsten leiten lassen können, doch spürte ich tief im Inneren, dass ich diesen Weg weiterzugehen hatte – oder besser gesagt, dass diese Erfahrung für mich vorgesehen war.

Ich blieb bei der Kapelle stehen, öffnete das Eisengitter, trat ein und bat um Führung und Schutz. Nur die wenigsten Menschen können heute verstehen, warum ich nach diesem Gefühl überhaupt weitergegangen bin und nicht den Weg zurück genommen habe. Zu deutlich aber war das Gefühl, dass es in einem Leben Wege gibt, die es zu gehen gilt. Und zugleich spürte ich tief in meinem Wesen, dass hier direkt vor mir ein Teil dieses Weges lag, den ich zu gehen hatte.

Als ich mich dem Grat des Berges näherte, schlug das Wetter urplötzlich um. Der klare Himmel war zu einem Nebel- und Wolkenfeld geworden, und ich konnte nur mehr wenige Meter weit blicken. Die Wegmarkierungen auf den Steinen waren unter der Schneedecke verborgen, und auch die Spuren von anderen Wanderern waren verweht worden. Ich erahnte den Weg zum Gipfel und stieg immer weiter empor. Vor einer Felswand blieb ich stehen und musste zu der Einsicht kommen, dass mir im Schnee und Nebel die Orientierung verloren gegangen war. Während mir dies bewusst wurde, erblickte ich neben mir im Fels Eisenklammern und verrostete Drahtseile. Ich vermutete, dass diese noch aus einem Versorgungsweg aus dem Ersten Weltkrieg stammten, und dachte deshalb, dass der Gipfel in unmittelbarer Nähe sein müsse oder dass ich so zumindest wieder in ein Gebiet kommen würde, welches mir bekannt war. Den gleichen Weg, den ich gekommen war, vor Einbruch der Dunkelheit zu gehen, war unmöglich. Doch wenn ich den Gipfel erreicht hätte, so dachte ich, würde ich auch erkennen, welcher Weg zum Biwak zu nehmen sei. Und so stampfte ich durch teilweise hüfthohen Schnee zum Felsen hin und kletterte dem alten Eisen nach. Völlig erschöpft und durchnässt war ich endlich am Gipfel angekommen und blickte suchend um mich. Mein Blick reichte nur wenige Meter weit, und trotzdem bemerkte ich gleich, dass dies nicht der Gipfel war, den ich kannte, sondern höchstwahrscheinlich der Nebenberg.

Auf diesem unbekannten Berg stehend, zog es mich plötzlich tief in eine Angst hinein. Es war ein Gefühl, als ob man sich mit einer hohen Geschwindigkeit einem Tunnel nähern würde, der sich zwischen Wolken aufgetan hatte und mich - ohne eine Möglichkeit, sich dem zu widersetzen - in eine beklemmend wirkende tiefschwarze Öffnung zog. Einem Magnetismus gleich, dessen Anziehung mich in eine überwältigende Angst und zugleich in die Geschichte dieses Berges zog.

In diesem kurzen, fast panikartigen Moment blickte ich auf meine Uhr und stellte fest, dass es nur noch eine Stunde dauern würde, bis die Dunkelheit hereinbrechen würde. Und weil der Weg, den ich hinauf genommen hatte, bergab nicht gangbar war, suchte ich nach einer Möglichkeit, vom felsigen Gipfel in Talnähe zu gelangen.

Etwas weiter unter der felsigen Formation erblickte ich ein Schotterfeld, das mir vom Gipfel aus betrachtet als gute Möglichkeit erschien, um von hier aus über einen unmarkierten Weg ins Tal oder zumindest in einen Wald zu gelangen. Eine Gemse war zu sehen und so nahm ich es als Zeichen, diesen Weg zu gehen. Auch wenn ich es in einer Stunde nicht ins Tal schaffen würde, so doch vielleicht in flacheres Gelände. Das wäre immerhin deutlich besser, als hier irgendwo in Gipfelnähe auszuharren, wo die Kälte weitaus schlimmer ist und wo jeder fehlgesetzte Tritt einen Absturz bedeuten kann. Ich lief das Schotterfeld hinunter und weiter ein felsiges Bachbett entlang. Mehrere Male rutschte ich aus, so dass mein Rucksack riss und sich Schlafsack, Unterlagsmatte und Wasserflaschen lösten und eine Schlucht hinunterfielen. Statt sanfter, wurde das Gelände steiniger und steiler - und die Dunkelheit dichter und dichter. Ich bemerkte nicht, dass ich mich bereits in einem völlig anderen, völlig unklaren oder einem verklärten Bewusstseinszustand befand.

Dem vereisten Bachbett ins Tal folgend, rutschte ich aus, glitt einige Meter dahin und stürzte über einen mehrere Meter hohen Wasserfall in die Tiefe. Doch hatte ich während des Falls keine Angst, ich sah auch keine Bilder. Ich fühlte nur diese unsagbare Sicherheit, mir würde nichts passieren. 'Mir kann nichts passieren, und mir wird nichts passieren.' Ich schlug auf, blieb liegen, hielt inne und blickte um mich. Irgendwie war ich wieder zu mir gekommen. Meine Gedanken klärten sich und ich wurde zentrierter.

Es war bereits Nacht geworden. Völlig durchnässt und vor einem felsigen Abgrund stehend, wo jeder Schritt einen Absturz bedeuten konnte, wurde mir klar, die Nacht irgendwo hier verbringen zu müssen. Ich wusste auch, dass kein Mensch mich suchen und finden würde, bevor es wieder hell geworden war. So kroch ich vorsichtig einige Meter zurück, entfernte mich vom Abgrund und setzte mich inmitten einiger Felsen hin. Ich wusste, dass es schwer werden würde, zwölf Stunden - denn so lange würde es dauern, dass mir jemand zu Hilfe kommen könnte - zu überstehen. Meine gesamte Kleidung, Handschuhe und Socken waren nass, die Temperatur war schon jetzt deutlich unter Null und jede unüberlegte Bewegung hier im Fels könnte mich stürzen lassen. Unter all diesen düsteren Gedanken ertastete ich aber eine eigenartige Ruhe und ein tiefes Vertrauen. Etwas schien mir eine Hand zu reichen, bedeutete mir, aufzustehen, mich zu bewegen, von hier wegzugehen.

In völliger Dunkelheit stieg ich hoch, zwischen Latschen, Felsen und Abhängen hindurch, bis ich zu einer sandigen Aushöhlung gekommen war. Eine Aushöhlung, die durch einen Erdrutsch entstanden war und über der, einem Vorhang gleich, ein entwurzelter, ausgetrockneter Jungbaum herunterhing. Ich hatte kaum mehr ein Gefühl in den Händen und Füßen, öffnete meinen Rucksack und fand den noch unbeschadeten Gaskocher darin. Mit Mühe entzündete ich einige Äste und entfachte ein Feuer, welches mich nicht erstarren ließ und meine Gedanken durch vierzehn Stunden begleitete. Es war ein Feuer, das mich nicht nur wärmte, sondern vieles in mir und um mich herum zu transformieren begann. In dieser Nacht blickte ich oft nach oben, sah über mir einen Berg, den mein Feuer sanft erhellte und in ein zart gewobenes Kleid hüllte. Es war ein Feuer, das meinen zukünftigen Weg ausleuchtete, auf dem ich das Wesen der Berge, ihre Schönheit und Kraft, aber auch ihre Wunden und Ängste erfahren sollte.

Erst Jahre später hörte ich, dass es genau jene Schlucht gewesen sei, in die auch ich gestürzt war, in der im Ersten Weltkrieg Hunderte Soldaten ihr Leben lassen mussten. Aus Angst, im Kugelhagel zu sterben, nahmen sie genau denselben Weg, den ich genommen hatte, stürzten in Schluchten und kamen durch Lawinen ums Leben. Allein in einer Nacht waren es an die fünfhundert italienische Soldaten, die hier gestorben waren. Stundenlang hämmerten Schüsse durch die Felsen, kommend vom Monte Nero. Von dem Berg, auf dessen Gipfel es auch mich gezogen hatte und den das

Bild 2: Blick vom Miezegnot auf den Monte Nero im Frühwinter. Beide Berge waren im Ersten Weltkrieg schwer umkämpft.

von mir entzündete Feuer fast hundert Jahre danach in dieses zarte Licht gerückt hatte. Das unbeschreibliche Leid und die tiefe Angst der Soldaten hatten ganze Landschaftsabschnitte in einen dunklen Schatten gehüllt und mit einem dichten, schweren Äther überzogen. Dieser Äther war es auch, den ich damals am Gipfel stehend als Tunnel wahrgenommen hatte und in dessen Geschichte ich geworfen worden war.

Diese ätherischen Räume, die von uns Menschen durch Krieg, Gewalt oder Ängste geschaffen worden sind, gilt es - gerade in den kommenden Zeiten - zu finden und aufzulösen. Nicht mit dem Fokus, etwas heilen zu wollen, sondern mit einem Licht, das direkt aus unserem Herzen strömt und die Landschaft durchdringt. Dies sehe ich als Aufgabe, die es noch für uns, für unsere Ahnen und für die Erde zu tun gilt. Und dies sehe ich auch als Zentrum dieses Buches - die Landschaft als vitales Feld zu erkennen, den Atem der Erde zu spüren und so hindurchzugehen durch eine durch Unsensibilität und Gewalt geschaffene Starre, um uns endlich wieder zu erkennen im Spiegelbild der Natur.

Ich möchte einfach einen Weg zeigen, der Natur mit dem Herzen zu begegnen und die Berge nicht als Objekte zu sehen, die man bezwingen oder an denen man seine Fertigkeiten erproben kann, sondern als das, was sie sind: als Wesen mit individuellster Eigenart, als Orte des Zaubers, der Wandlung und als Hüter unseres Lebensraums.

Kapitel 1

Das Holon in Landschaft und Mensch

Bevor wir uns den einzelnen und unterschiedlichen Qualitäten der Natur und ihrer Berge nähern, möchte ich dazu einladen, dieses Buch Kapitel für Kapitel langsam und konzentriert zu *erklettern*, um so vielleicht eine neue Route auf unserem inneren Berg zu entdecken, die uns die Lebendigkeit der Natur entdecken lässt. Indem wir uns selbst nach und nach in der Natur erkennen und uns als ihr Spiegelbild wahrnehmen, kann eine neue Ordnung in uns entstehen, die unsere ständig aktiven und wertenden Gedanken in einen offeneren Raum lenkt. Gleichzeitig möchte ich so auch aufzeigen, wie wir uns mit den verschiedenen Räumen unseres Umfelds verbinden können. Es gilt also, den Blickwinkel zu erweitern und – wie zuvor bereits erwähnt – einer Zeit des Klima- und Erdwandels gelassener entgegenzublicken, so dass wir uns mehr mit der uns umgebenden Vitalität vereinen. Durch diese wachsende Verbindung werden wir sowohl unsere Evolution als auch die unserer Erde erkennen und stärken.

Eine erste Stufe für ein tieferes Verständnis der Natur liegt in der Erkenntnis, dass die Lebensräume aller Lebewesen sich überschneiden und ineinander übergehen, zusammenfließen. In dem

Wissen, dass sich Makrokosmos und Mikrokosmos völlig gleichen – oder einfacher gesagt, dass sich das Größte im Kleinsten spiegelt und wiederum das Kleinste sich identisch zum Größten verhält –, ist schon einmal das Wesentliche erkannt. Um dieses Bild des Innen und Außen nun verständlicher zu machen, möchte ich in diesem Zusammenhang die menschliche Zelle beschreiben. Sie gilt in der Medizin oder den Wissenschaften als der kleinste Organismus unseres Körpers, der in sich einen eigenständigen und vitalen Lebensraum entwickelt hat. Die Zelle ist die kleinste Einheit aller Lebewesen. Es gibt Einzeller, die aus einer einzigen Zelle bestehen. Jede Zelle stellt in sich ein eigenständiges und selbsterhaltendes Leben dar und besitzt durch die sogenannte Zellteilung auch die Fähigkeit, sich selbst zu vermehren. Jede Zelle besitzt eine Membran, die die Zelle von den anderen abgrenzt. Diese Membran könnte man beim Menschen mit der Haut vergleichen. Wir werden aber in einem der nächsten Kapitel dazu kommen, dass der Mensch nicht nur über diese eine physische Membran verfügt, sondern auch andere besitzt, die man als Auraschichten bezeichnet und die die emotionale, mentale und seelische Ebene betreffen. Auch Tiere, Pflanzen und Orte verfügen über eine Membran, die heute bereits mit modernen Geräten aufgenommen bzw. nachgewiesen werden kann. Die Membran könnte also als Hülle bezeichnet werden, die dem Körper Schutz und Abgrenzung bietet. Das Gerüst der Zelle ist das sogenannte Zellskelett, es ist die dynamische und vitale Struktur des Innenlebens. Die DNA und RNA sind zwei Arten des genetischen Materials. Die DNA ist in Chromosomen organisiert. Die Anzahl und die Anordnung dieser Chromosomen zeigt den Urcode unseres Lebens. Im übertragenen Sinne könnte man sie als Festplatte unserer ganzen Geschichte sehen. Es ist das Speichermaterial unserer Leben und zu einem gewissen Maß auch das unserer Ahnen und Vorfahren, welches im Zellkern seinen Ausdruck findet.

Auch die Mitochondrien, die Plastiden oder die Lysosome könnte man in einen direkten Vergleich mit den Grundfunktionen unseres Körpers bringen. Das würde aber wieder zu sehr in das Wissenschaftliche gehen und den Sinn dieses Buches wohl verfehlen. Trotzdem zeigt uns diese kleine Gegenüberstellung, dass sich in dieser mikroskopisch kleinen Zelle das Leben und die pulsierende Kraft des Kleinsten, des Mikrokosmos, zeigt. Wenn nun die Zelle der Mikrokosmos ist, ist der größere Teil der Ganzheit der Körper. Der Körper des Menschen ist also als Makrokosmos zu verstehen und umfasst das Leben von durchschnittlich 100 Billionen solcher Kleinstlebensräume. Beide bilden ähnliche Strukturen und beide sind voller Vitalität, voller Energien und Strukturen, sie sind aber auch als eigene und als in sich geschlossene Lebensräume zu betrachten. Trotzdem kann das Große nicht ohne das Kleine existieren. Es ist also wie eine Koexistenz, eine Symbiose, die sich ausweitet und wieder zusammenzieht, aber keiner Wertigkeit unterworfen ist, weil alles miteinander in einer Einheit verwoben ist. Jede Zelle, jedes Organ, jeder Muskel und jede Gewebsschicht unseres Körpers sind also eigenständige Organismen, die teilweise vom Nervensystem gesteuert werden, das wiederum als Teil unseres Körpers eigenständig funktioniert. Übergeordnet bilden die Hormondrüsen die Kraftzentren unseres Körpers, zu denen wir aber in einem anderen Kapitel kommen werden. All dies bildet also das Wesen Mensch, der in sich diese Organismen trägt und als Einheit zusammenführt. Wir sind demnach ein komplexes Wesen mit festen körperlichen Strukturen, aber auch mit feinen und feineren Ebenen, die sich in den Schichten unserer Gefühle, Gedanken und des Unbewussten, der Seele, ausdrücken.

Wenn wir nun diesen Vergleich erweitern, können wir sehen, dass auch der Mensch sich selbst als einen Mikrokosmos betrachten kann, der wie eine winzig kleine Zelle wiederum an größere bzw. einen viel größeren Makrokosmos angebunden ist – an den der Berge oder weiter an den der Gesamtheit der Erde, wobei die Erde sich ebenfalls wieder im Kosmos widerspiegelt.

In einer naturgebundenen Anschauung bezeichnet man diese Lebensräume als Holone, in dem sich die kleinsten Zellen mit den verschiedenen Ebenen unseres Körpers usw. ohne hierarchische Strukturen miteinander verbinden und in einer natürlichen Ordnung leben.

Wenn wir nun unsere Zivilisation aus diesem Blickwinkel bzw. als eigenständiges Holon betrachten, ist das oben beschriebene Zusammenwirken einer natürlichen Ordnung in vielen von uns unterdrückt worden. Die Wissenschaften haben uns gelehrt, um jeden Raum, jeden Körper, jedes Leben eine starke Grenze aufzubauen, diese hermetisch abzuriegeln, streng zu bewachen, zu verriegeln, zu verteidigen und so den Austausch mit den anderen Räumen, den kleinen und großen Holonen unserer Welt mit all ihren vitalen und nährenden Eigenschaften, zu übersehen. Wir haben gelernt, sind sozusagen dazu erzogen worden, in einer wertenden Hierarchie zu leben. In diesem Ungleichgewicht haben wir Staatsgrenzen zu Todeszonen erklärt, aus dem Ausland kommende Menschen verdächtigt, beschimpft und verurteilt. Viele von uns drängen nach oben, um sich eine höhere Wertigkeit in ihrem Denken zu erkämpfen. Diese glauben wir im Erfolg, im Geld, im Materiellen, in Titeln oder in einer Machtausübung finden zu können. Viele Menschen sind unzufrieden mit ihrem Dasein und dem, was sie sind, weil sie nicht das leben, was ihren Fähigkeiten und Vorlieben entspricht. Trotzdem wollen sie - sich selbst ausbrennend - in der Hierarchie immer höher steigen. Die hierarchisch höher Stehenden wiederum sind in ihrer Macht und ihrem Besitz erstarrt und ringen dennoch nach mehr und mehr. So kippt die natürliche Ordnung des Menschen zur Natur, zum Partner, zum Staat und auch zur Erde. Welche Folgen daraus entstehen, erzählt uns ja der Alltag oder es steht in den vielen Geschichtsbüchern geschrieben.

Gehen wir aber nochmals zu dem Vergleich des Körpers mit der Zelle zurück. Würde jede Zelle danach streben, Körper zu werden, würde die natürliche Ordnung kippen und das ganze System würde sich langsam in ein Ungleichgewicht manövrieren. Es ist vergleichbar mit einer Krebszelle, die plötzlich ihr Schaffen in eine andere Richtung lenkt und so Zelle für Zelle in eine Irritation führt. Das Heilmittel für solche pathologischen Hierarchien kann aber nicht darin bestehen, die verschiedenen Ebenen abzuschaffen oder mit schwerer Artillerie zu bekämpfen, sondern es besteht darin, die anmaßende Zelle wieder in die Ganzheit zurückzuführen, sie sozusagen wieder an ihren angestammten Platz zu bringen. Dass dieses Zurückführen nicht immer einfach ist und dass es hierbei Millionen individueller Wege gibt, ist uns wohl allen bewusst. Jede einzelne Geschichte eines Krankheits- bzw. Heilungsverlauf verdeutlicht uns dies, und es erweist sich als schwierig, diese natürliche Ordnung in sich zu finden, wenn man schon lange in einem solchen Ungleichgewicht gelebt oder wenn man sogar diese Botschaften im Zellkern verankert hat. Es gilt aber trotzdem mehr denn je, sich seiner eigenen Grenzen bewusst zu werden und aus seinen gewohnten Räumen auszutreten, um Neuland kennenzulernen. Dieses In-Verbindung-Gehen ist im Vergleich wie das Betreten eines fremden Kontinents. Zuerst fühlt man sich fern seiner Erfahrung, doch nach und nach erfährt man die Schönheit dieser Andersartigkeit.

Für den Begriff der natürlichen Ordnung innerhalb eines Raumes gibt es das Wort *Holarchie* innerhalb eines Lebensfeldes, eines *Holons*. Die Holarchie ist also eine natürliche Hierarchie, in der alles und jedes seine Funktion hat, die es mit Lust und Leidenschaft erfüllt, ohne sich über andere stellen oder das Ego stärken zu wollen. Alles wird also aus einer Selbstverständlichkeit oder aus dem Herzen heraus getan, im Vertrauen und in natürlicher Bescheidenheit. In diesem Raum ohne Wertigkeiten kann sich eine eigene Stabilität entwickeln, was den eigentlichen Reichtum bewirkt und die wahre Macht des Egos bedeutet.

Diese natürliche Ordnung ist also in jedem Menschen, jedem Tier und jeder Familie zu finden, aber durchaus auch wie oben beschrieben auf Länder, Orte oder Häuser übertragbar. Ist der König, oder zeitgemäß betrachtet der Präsident eines Landes, labil und möchte sein Ego durch Macht und Geld erweitern, werden sich die Bürger irgendwann gegen ihn stellen, ihn abwählen, um so die gesamte Ordnung wieder ins Gleichgewicht zu bringen.

Als einen schönen Vergleich sehe ich hier die Berge, die ja das Zentrum dieses Buches sind. Sie sind für mich die wahren Könige und thronen in einem weiten Landschaftsholon über allem, was ist. In ihrer Energie strahlen sie eine hohe Macht aus, die uns leitet, uns geistig führt und uns unsere Grenzen zeigt, aber zugleich auch stärkt. Diese Wesen sind so voller Kraft, dass man sich bewegt fühlt, vor ihnen niederzuknien und sich ihnen ganz und gar zu öffnen. Gleichzeitig übertragen sie ihre Güte, ihren Frieden und ihre Weite auf uns Menschen und energetisieren und beseelen so Landschaften, Dörfer und Städte. Welches Leben würde entstehen, wenn auch unsere Länder von Präsidenten mit ähnlichen Qualitäten geführt werden würden ...?

Wenn wir das Bild der natürlichen Ordnung auf die Erde als übergeordneten Lebensraum, als großes Holon, übertragen, können wir eine immer weiter werdende Bewegung erkennen, die versucht, das derzeitige Ungleichgewicht wieder in ein ruhiges Gleichgewicht zu führen. Da wo Kriege, Gewalt, Verschmutzung, Hunger und Leid herrschen, manifestiert sich eine gegenüberliegende

Bild 3: Das Massiv der Zugspitze, hier vom Eibsee aus, ist Ausdruck und Gefühlsvermittler eines weiten Lebensraumes, eines Holons rund um Garmisch-Partenkirchen

Seite immer dichter. Unbewusst versuchen die Menschen dieser Bewegung, die Missstände auszugleichen und die natürliche Ordnung bzw. eine funktionierende Holarchie der Erde wiederherzustellen oder sie in das verloren gegangene Gleichgewicht zurückzuführen. Wir spüren immer mehr das Verlangen, wieder mit der Erde zu leben. In diesem Prozess sensibilisieren und entwickeln wir uns, nehmen Berufe an, die dieser natürlichen Ordnung entsprechen, spüren die Qualität, die sich daraus entwickelt, die daraus entwächst, und werden so offener für andere Räume und dadurch stabiler und gesünder. Wir nehmen diese Kraft wahr, die uns um ein Vielfaches mehr mit Energie versorgt als Billigimporte oder unter Stress Erzeugtes. Wir suchen nach neuen Strom- und Energiequellen, entwickeln diese und entdecken dabei Neues, das uns die Zeit des Erdölwahns vergessen lassen wird. Und wir sehen die Religion in einem völlig neuen Licht, weil wir spüren und ahnen, dass jeder von uns Teil dieser natürlichen Ordnung ist und der ganze Planet mit jeder einzelnen Aufgabe, die wir mit Leidenschaft und Freude erledigen, gespeist und von uns getragen wird. Und dann werden wir nicht mehr versuchen, einen Gott im Außen zu suchen, der strafend und drohend wirkt. Wir entwickeln ein Verständnis, dass unser Gott in jeder einzelnen Zelle unseres Körpers manifest ist, in jedem Holon existiert und im übertragenen Sinne darauf wartet, von uns wahrgenommen zu werden. In dieser Entwicklung wird sich auch nach und nach die natürliche Ordnung wiederherstellen, und das Kleinste wird sich wertfrei im Größten erkennen - und das Größte wiederum wird erkennen, dass es ohne das Kleinste nicht lebensfähig ist. Denn jeder von uns ist gleichsam Zelle und Körper, Volk und Staat, Raum und Mensch.

Ich möchte in diesem Buch als Abschluss jedes Kapitels eine Visualisierungsübung vorstellen, in der wir unseren Landschaften begegnen.

Es wäre auch hilfreich, das Buch nicht in wenigen Tagen auszulesen, sondern es langsam, Stufe für Stufe und Kapitel für Kapitel - wie einen Berg -, zu ergehen. Das Wissen kann man dann an verschiedenen Orten oder auf verschiedenen Bergen ausleben. So kann durchaus eine Zeit bis zum nächsten Kapitel vergehen, um die Übung auf sich wirken zu lassen, um die Verbindung aufzubauen. So wird die Möglichkeit geschaffen, unserem Denken und Verstehen die Zeit zu geben, um das Lebendige der Natur auf eine andere Art und Weise wahrzunehmen. Wir erweitern unsere Sinne, erweitern uns und öffnen unseren Herzensraum für eine Begegnung mit der Landschaft.

Übung

Die Lebensräume spüren

Für diese erste Übung suchen wir uns einen Ort, der uns schön erscheint oder an dem wir uns einfach nur wohlfühlen.

Wir setzen uns hin, legen uns je nach Möglichkeit hin oder bleiben in einer aufrechten entspannten Haltung stehen. Langsam schließen wir die Augen und spüren in uns hinein. Wir fühlen unseren Atem und warten, bis wir ruhiger und entspannter werden.
Dann verbinden wir uns mit dem Boden, auf dem wir stehen oder sitzen, und richten die Aufmerksamkeit darauf aus, wie uns die Erde trägt und stabilisiert.
Wir spüren den Wind, die Sonne, die Geräusche des Ortes und konzentrieren uns immer mehr auf uns selbst. Wir spüren unseren Körper, spüren unsere Arme und Beine, spüren Knochen, Muskeln, Organe und Nerven.

Wir nehmen alles in uns als harmonischen Lebensraum wahr. Als einzigartiges Ganzes.
Dann richten wir unsere Aufmerksamkeit auf das Außen. Spüren den Ort, wo wir sind, und nehmen die Qualität, die uns anzieht, ganz in uns auf. Im Stillen versuchen wir zu erkennen, wo die Membran liegt, die diesen Ort umgibt, wo die freien Grenzen liegen oder was gerade diesen Ort zu dem macht, was er für uns darstellt.
Wir verbinden unser Wesen, unser Holon, sozusagen mit dem Holon des Ortes und spüren, dass sich diese Lebensräume öffnen, ineinander fließen und miteinander wirksam sind.
Wir bleiben noch einige tiefe Atemzüge in dieser Vorstellung, bedanken uns bei dem Ort und schließen die Übung ab.

Kapitel 2

Der Tanz der Polaritäten

In jedem einzelnen Holon des Raumes oder der Lebewesen gibt es zwei Kräfte, die miteinander wirken und verwirklichen, formen und schaffen, einnehmen und ausgeben, sich distanzieren und wieder verbinden, vereint in einem ständigen Spiel - im Tanz der Polaritäten.

Wo es das Kleinste gibt, da gibt es auch das Größte. Wo Stürme wehen und Orkane Felsen bewegen, gibt es die Orte der Stille, die in ihrer Tiefe und Ruhe wurzeln. Nichts kann in unserer Welt ohne sein entsprechendes Gegenteil existieren bzw. es wird erst durch das entsprechende Gegenüber geschaffen. Dieses universale Gesetz erkannten schon die Naturphilosophen vor vielen tausend Jahren, und sie bezeichneten eine dieser Kräfte als Yin und die andere als Yang. Sie erkannten sie sowohl in der Natur als auch im Körper und wendeten diese Philosophie gezielt in der Heilkunde an. Sie ist wesentlicher Bestandteil aller Naturreligionen und aller daraus entstandenen Lehren.

Dieses sogenannte dualistische Denken beschreibt also das Wirken zweier entgegengesetzter Kräfte und ist wohl den meisten als das bereits erwähnte Yin und Yang bekannt. Obwohl dieser Begriff auch im Westen schon zum allgemeinen Sprachschatz gehört und das Symbol in unterschiedlichsten Bereichen zu finden ist, wissen die wenigsten, welch große Philosophie eigentlich dahintersteckt. Wesentlich dabei ist, diese beiden Kräfte nicht als getrennt voneinander zu betrachten, sondern als voneinander abhängig und ständig ineinander fließend, gleichsam wie der Tag und die Nacht. So allmählich der Tag die Nacht erhellt, so gemächlich fließt das Yin in das Yang über. Zugleich trägt aber auch jede dieser Kräfte wiederum den Keim des Gegenteils in sich. Das bedeutet also, dass nichts einfach Yin oder Yang, schwarz oder weiß, dunkel oder licht ist. Es sagt zum Beispiel aus, dass Frauen auch männliche Eigenschaften haben und Männer auch weibliche Qualitäten oder dass jedes Licht auch den Schatten in sich trägt und wir es sozusagen der Dunkelheit verdanken können, dass es Licht gibt. So sind Yin und Yang keine absoluten Begriffe. Sie werden immer in Relation zueinander verwendet.

Gerade in unserer Kultur wird diese Denkweise oft falsch interpretiert und als *positiv* und *negativ* streng mit den Wörtern *gut* und *schlecht* gewertet. In der Natur gibt es diese Trennung nicht. Beide Kräfte benötigen das Gegenteil, um existieren zu können, und bilden so zusammen eine Einheit, gleichsam wie Ruhe und Bewegung, Kälte und Hitze, Positivladung und Negativladung oder Himmel und Erde. Beide sind nur in Verbindung mit ihrem gegensätzlichen Pol Wirklichkeit, und beide bilden auch in ihrem Zusammenspiel die Grundlage allen Lebens. Sie sind der Motor, der alles in Bewegung hält, nährt und verbindet.

Wie schon zuvor beschrieben, ist diese Sicht der Dinge völlig frei von Wertung und Kritik. In unseren Zeiten, in denen alles kritisiert und erkannt werden möchte, fällt es wohl schwer, diese Art der Anschauung zu verstehen. Es handelt sich um ein Erkennen und Beschreiben von Abläufen und Zuständen, nicht um ein Bewerten, Verurteilen und Ausgrenzen.

Yin ist die ruhige Kraft, die Basis und der Energiespeicher. Yang ist die aktive Kraft, der Antrieb, der die Energie aus dem

Yin bezieht. Yin ist ernährend und aufbauend, während Yang verzehrend und verbrauchend ist. Yin ist leise, Yang ist laut.

Wenn Yin nun das Weibliche und das Weiche und Yang das Harte und Männliche darstellt und wir dieses Muster in die Natur übertragen, so begegnen wir diesen Gegensätzen natürlich überall. Ein Berg, der eher einem Hügel gleicht, weich und fließend verläuft, hat weibliche und nährende Qualitäten, während ein schroffer und felsiger Berg das Harte und Männliche darstellt. Auch ohne gleich in diese sehr krassen Gegensätze zu verfallen, sieht man in jedem Landschaftsraum auch die beschriebenen Yin- und Yang-Qualitäten. In jedem felsigen Gebirge wird es neben den spitzen Gipfeln auch welche geben, die trotz ihrer Schroffheit weicher und fließender wirken. So gibt es neben sehr weiblichen Gebirgsformationen, wie zum Beispiel in den Nockbergen, auch sehr männliche Berge, wie die Dolomiten. In beiden Formationen aber spiegelt sich die Natur gleichermaßen, und beide lassen dadurch auch Möglichkeiten erkennen, die Landschaft für den Menschen sozusagen therapeutisch nutzbar zu machen. So fördern Berge, die hügelig und weich sind, die Gelassenheit und die Gemütlichkeit in uns. Sie laden uns ein, sich an der Landschaft und der Schönheit zu nähren, und versetzen uns mehr in einen Ruhezustand. Dadurch öffnet diese Landschaft eine nährende Kraft, aus der Ideen entstehen können und dank derer unser gesamter Organismus sich tiefer regenerieren kann. Wir blicken über weite, mäandrierende Landschaften und gelangen so tiefer in unsere Seelenqualität. Die Yin-Qualität der Landschaft fördert also unsere innere Ruhe. Eine Wanderung kann hier zur stillen und tiefen Meditation mit der Landschaft werden, wodurch unser ganzer Körper und Geist sich regenerieren. Dem gegenüber nun liegen die schroffen Felswände, wo jeder Schritt und jeder Griff gekonnt gesetzt werden muss. Alles bedarf einer Aufmerksamkeit, einer Konzentration und einer Durchsetzungskraft. Demnach aktivieren diese Berge, die aus schroffem Fels und Stein bestehen, die Yang-Qualität in uns. Sie locken uns aus der Reserve, geben uns Kraft, entstandene Ideen in die Tat umzusetzen, und fördern unsere Durchsetzungs- und Entscheidungskraft. Ein Felsgang hier kann auch zu einer Meditation werden, aber zu einer aktiven, durchdringenderen, in der man mit der Natur und ihren Felsen verschmilzt.

Ergründen zu wollen, für welchen Menschen nun welche Landschaft heilsam ist, ist meiner Meinung nach nicht wichtig bzw. würde wieder zu sehr zu einem analytischen Listendenken führen, das ja ohnehin zu stark in uns wirksam ist, wodurch wieder die Gefahr bestehen könnte, sich zu sehr von den heilsamen Essenzen der Landschaft zu entfernen bzw. wegzudenken.

Trotzdem sei auch erwähnt, dass der Mensch dazu neigt, sich in seiner eigenen Qualität und in seinen Gewohnheiten am wohlsten zu fühlen. Dagegen ist natürlich nichts zu sagen. Was aber, wenn diese Gewohnheiten und Gemütlichkeiten immer dichter werden und langsam zu einer Disharmonie zwischen den beiden Kräften führen? Wenn der Müde und Ruhige immer müder und ruhiger und der Aktive und Laute überaktiv und lauter wird? Dann ist ein Übergewicht in einer Polarität erreicht und beide Kräfte können sich nicht mehr wandeln, wie Zahnräder, die langsam verrosten. Der eine erschlafft in seiner Trägheit, während der andere mit einer ausufernden Aggression sein Umfeld schädigt. Das Yin zieht sich zusammen und verhärtet, während das Yang sich selbst verbraucht.

Es gilt also, einen Weg zu finden, auf dem sich das Yang im Menschen zum Beispiel durch eine Landschaft im Yin beruhigt und erholt, während ein Übermaß an Yin im Menschen durch eine Schroffheit in der Landschaft bewegt werden kann. Ich möchte aber keine Auflistungen machen, welche Landschaft wie wirkt oder welcher Berg für welchen Menschen wirksam ist – das wissen wir ohnehin selbst, wenn wir nach außen schauen. Ich glaube, es gilt nur, den Versuch zu machen, etwas aus seinem eigenen Holon herauszuschauen oder herauszutreten, sich und seine Qualitäten zu erkennen, aber auch das Gegenteil zu stärken.

Dies fängt schon in unserem kleinsten Lebensraum an, den wir um uns gebildet haben, in unserem Wohnbereich, unserem Haus, unserem Garten. Gerade hier schaffen wir ständig neue Quellen, wo sich Yin und Yang fokussieren können. Wir bilden gerade in diesen Räumen unsere eigenen Landschaften, wodurch wir unseren Lebensfluss fördern, aber auch beeinträchtigen können. Wenn wir es zum Beispiel nicht schaffen, uns von Gegenständen zu trennen, die uns immer wieder in einer Erinnerung festhalten und ein Loslassen verhindern, kann auch im Gegenüber nichts Neues entstehen. Hier blockiert dann das Yin, das sich im Alten spiegelt, das Yang, das die Qualität eines Neubeginns in sich trägt.

Im Gegenteil kann aber auch ein Übermaß an Yang entstehen. Dann kann ein Zwang entstehen, auch unterstützt von der ständigen Werbung, unser Heim mit stets neuen Dingen zu überladen und andere Dinge, die einem lieb geworden sind, einfach im Müll zu entsorgen. Dadurch wird unserem Wohnbereich natürlich auch keine Kraft gegeben. Es kann so keine verwurzelnde Energie entstehen, die uns nährt und regenerieren lässt. Gute alte Möbelstücke oder schöne Bilder können hier das Gegenteil bewirken und das Yin in uns und unseren Räumen fördern, welche uns erden und tiefer ruhen lassen.

Wenn wir hier also Raum schaffen, in dem sich beide Grundkräfte entwickeln und stabilisieren können bzw. uns diese Notwendigkeit selbst bewusst machen, kann sich jeder Raum im

Bild 4: Die schroffen Felsen des Schafbergs und die fließende Gestalt des Wolfgangsees im Salzkammergut – Polaritäten im absoluten Einklang

4

Außen und die Landschaft selbst als unser Therapeut zu erkennen geben. So können wir langsam das eigene Ich tiefer und weiter erfahren.

Das Yin und Yang in uns wahrzunehmen, wäre hier unser Ausgangspunkt. Leuten, die sich wenig zutrauen, sich körperlich träge oder geistig müde fühlen, könnte man durchaus die rassige Qualität eines felsigen Klettersteigs empfehlen. Aber natürlich geht es nicht immer darum, sich selbst anzutreiben und sich andauernd erkennen zu müssen. Dennoch könnte man auch erfahrenen Bergsteigern, die von Höhenmetern und schwierigen Klettertouren getrieben sind, empfehlen, einmal in die sanften und weiblichen Landschaftsräume einzutauchen, um diese ganz andere Qualität der Stille zu erfahren und in sich fließen zu lassen. Hier geht es einfach um Offenheit, um sich von den polaren Kräften der Natur anziehen zu lassen und einmal mehr den Druck, die Leistung oder das Fitnessprogramm hintanzustellen, um die Zahnräder des Yin und des Yang zu entrosten und neu zu schmieren.

Abschließend möchte ich in diesem Kapitel der Polaritäten noch erwähnen, dass die letzten Jahrzehnte und wohl auch Jahrhunderte von harter und männlicher Yang-Qualität geprägt waren. Leistung, Erfolg und Aktivität, Kriege und Machtausübung waren weitaus gefragter als ruhige und nährende Eigenschaften, wie diese eher in den buddhistischen Ländern anzutreffen sind. Derzeit ist aber auch in den Industrieländern ein starker energetischer Richtungswechsel zu beobachten. Man beobachtet und spürt, dass Yin-Qualitäten immer gefragter werden. Arbeitgeber scheinen allmählich zu begreifen, dass das ständige Fordern und Beobachten der Mitarbeiter vermehrt Krankenstände, Burnouts und Arbeitsunlust bewirken. Man bemerkt immer mehr, dass man eine stabile Leistung nur durch Stressreduktion bzw. die Entfaltung der Kreativität des Arbeitnehmers erzielen kann. Dort wo Druck und Einengung herrschen, wird sich nichts entfalten können, sowohl im privaten wie auch im beruflichen Bereich. Dieses Prinzip nennt man Resonanz, das auch überall in der Natur zu finden ist und zu dem wir etwas später noch kommen werden.

Jeder Mensch hat seine weiblichen und männlichen Qualitäten. Wir sollten einfach versuchen, diese nicht zu bewerten oder auszugrenzen, und den Mut besitzen, aus der Wertung herauszutreten. Es gilt, unsere einzigartigen individuellen Qualitäten anzuerkennen und den eigenen Lebensrhythmus in unserem eigenen Holon zu finden. Die Natur zeigt uns dies in all ihrer Vielfältigkeit wohl am deutlichsten. Sie ist das stille und tiefe Meer, das auch starke Wellen schlägt. Sie ist der Wind, der sich auch zur absoluten Stille wandeln kann. Sie zeigt sich als wärmendes, gemütliches Feuer, das auch alles verzehren kann, und sie zeigt sich als tiefbraune, fruchtbare Erde, die sich zu einem undurchdringbaren Stein verdichten kann. Sie ist das Yin und das Yang, und wir sind ihr Ausdruck.

Übung 2

Die Polaritäten in der Natur und in uns

Diese Übung soll uns für unser näheres Umfeld sensibilisieren. Dazu kommen wir gedanklich zur Ruhe und versuchen, in unserem Wohnraum die Qualitäten des Yin und des Yang zu erfahren. Welche Möbelstücke, Einrichtungsgegenstände, Materialien (z. B. die Beschaffenheit des Bodens oder der Wände) fördert in uns das Yin oder das Yang? Welche wirken weich und fließend, welche wiederum hart und kantig? Welche Farben beruhigen unseren Geist und welche wirken aktivierend auf ihn? Dann blicken wir aus dem Fenster und versuchen, die Lebensqualität draußen wahrzunehmen. Alles, was hereinfließt, sei es die Qualität eines Berges, eines Sees oder einfach nur einer leeren Häuserfassade aus Beton, können wir für uns übersetzen. Wir können jede Qualität durch Gegenstände verstärken oder einfach nur die Energie mit einem entgegengerichteten Yin-Gegenstand ausbalancieren und abrunden. Diese Übung kann und soll natürlich über einen längeren Zeitraum durchgeführt werden. ☺

Kapitel 3

Die vier Elemente und ihre Wandlung

Die Gelehrten und Naturmediziner in der Geschichte, die die Bedeutung von Yin und Yang bzw. die Kräfte der Polaritäten verstanden und darüber philosophierten, gingen weiter und tiefer in die Erscheinungsformen der Natur und erkannten die Bewegungen der polaren Kräfte im Wasser der Meere, der Seen und der Flüsse. Sie studierten die Ausrichtungen des Windes und der Stürme, erforschten die Zusammensetzungen der Erdschichten und der Gesteine und arbeiteten mit der Glut und den Flammen des Feuers. Aus dieser intensiven Zeit der Beobachtung und Erforschung entstand in einigen Kulturen die Lehre der vier Elemente. In Asien, insbesondere in China und Japan, kam ein weiteres Element hinzu, die Kraft der Wandlung als fünftes Element.

So haben unsere Urahnen und Lehrer bereits vor Tausenden von Jahren die Qualitäten der Elemente präzise studiert und die Basismaterie darin erkannt, aus der schier alles besteht und entstanden ist. Sie ist in allem und jedem erkennbar und manifestiert sich auch in unserem Körper, unseren Gedanken sowie in unseren Gefühlen. Diese verschiedenen Kräfte sind die Archetypen, in denen die weiblichen und männlichen Qualitäten, das Yin und das

Yang, pulsieren. Sie bilden Landschaft und Ort, Tier und Mensch, Raum und Zeit. Sie sind die Grundbausteine des Lebens - die Elemente. In ihrem Zusammenspiel formen sie alles und manifestieren sich in allen Erscheinungsformen. Man findet sie in den verschiedenen Jahreszeiten, im Wetter und in der gesamten Natur und der Erde. Im Menschen spiegelt sich ihre Energie in den verschiedenen Formen der Gefühle und Gedanken wider und natürlich auch in den körperlichen Strukturen und Funktionen. Die Elemente finden überall ihre Zuteilung. In den Tieren, Pflanzen, Kristallen, in Ländern, Völkern und politischen Systemen, im Kosmos und den Himmelsrichtungen - oder besser gesagt, sie ermöglichen es uns, überhaupt erst eine Zuteilung zu finden.

Wenn sich die Elemente im Gleichgewicht halten, können Wachstum, Entwicklung und Gesundheit entstehen. Wenn die Kraftverhältnisse aber ungleich sind, dann entstehen in der Natur Dürre und Überschwemmungen, zwischen Völkern Schwäche und Krieg und im Menschen Unbehagen und Krankheit. So wie ein zu heißer Sommer das Wachstum schädigt, so verhält sich das Element Feuer mit dem Element Erde und so kann ein überfordertes Herz, das dem Feuer zugeordnet wird, ein Magenleiden im Element Erde verursachen - Ungleichgewicht lässt also Ungleichgewicht entstehen. Alles spiegelt sich in allem, das Kleinste im Größten und umgekehrt. Man bezeichnet diese Anschauung als Analogie von Mikrokosmos und Makrokosmos. Dies ist keine neue Philosophie und auch kein esoterischer Auswuchs, schon Leonardo da Vinci schrieb im "Traktat des Wassers" um 1492 bereits Folgendes:

> *"Der Mensch wurde von den Alten eine Welt im Kleinen genannt. Gewiss ist diese Bezeichnung recht treffend, denn da der Mensch aus Erde, Wasser, Luft und Feuer zusammengesetzt ist, gleicht ihm dieser*

Erdenkörper. Wie der Mensch die Knochen als Stützen und Gerüst des Fleisches in sich hat, so hat die Welt das Gestein als Stützen der Erde. Wie der Mensch in sich den Blutsee hat, wo die Lunge beim Atmen zunimmt und abnimmt, so hat der Körper der Erde sein Weltmeer, das auch alle sechs Stunden abnimmt und zunimmt mit dem Atmen der Welt."

Die Elemente sind also als Urkräfte zu verstehen und wurden als solche schon in den frühesten Kulturen, wie im alten Griechenland, in der christlichen, aber auch in der buddhistischen Mythologie oder in den indianischen Urkulturen erkannt. Es ist also nichts, was der Mensch erfunden haben könnte, sondern eher das, was uns entstehen ließ. Und alles, was in diese natürliche Ordnung verändernd eingreifen möchte, läuft Gefahr, diese Ausgewogenheit der Natur in ein Ungleichgewicht zu führen. Ob dies der unsensible Bau eines Dammes oder eine Fettabsaugung als Schönheitsoperation ist, sei dahingestellt. Jeder Eingriff kann den Energiefluss in den Elementen verändern und die Kräfte der Polaritäten ins Ungleichgewicht bringen. Vergleichbar mit der Erkenntnis, dass Kapitalismus auf der anderen Seite Armut bedingt, so gilt es auch zu erkennen, dass es nur eine Frage der Zeit sein kann, bis das Pendel wieder zur anderen Seite ausschlägt und das Wachstum des Kapitalismus plötzlich zu stocken beginnt. Dort, wo vorher Armut geherrscht hat, wird es plötzlich zu einem Umkehrprozess kommen, wie dies zum Beispiel gerade in gewissen Teilen Asiens der Fall ist, wenn man dieses Bild auf die Weltwirtschaft überträgt.

Unüberlegtes, unbewusstes und häufig profitorientiertes Handeln kann zu einer Kettenreaktion führen, was im schlimmsten Fall in Klimakatastrophen gipfeln kann. Dies gilt für alle Prozesse, sowohl auf der Erde als auch im Menschen. Erstrebenswert ist es also, das Gleichgewicht zu finden. Ein Leben zu suchen, das zwischen Völlerei und Askese liegt, zwischen Habgier und Geiz, zwischen Reichtum und Armut. Wir sollten also wieder versuchen, nicht gegen die Natur, sondern mit ihr zu leben, im Einklang mit den Elementen. Wir müssen die Verantwortung für unser gesamtes Handeln und Tun übernehmen und auch die Fähigkeit entwickeln, die Resultate, die sich aus unseren Handlungen ergeben, als solche zu erkennen.

Das Kennenlernen der elementaren Sprache ist hierfür ein schöner Zugang. Wie bereits erwähnt ist im Osten die Philosophie aus dem Zusammenspiel von fünf Elementen entstanden, während die westliche und indianische Ansicht von vier Elementen ausgeht. Ich möchte in diesem Buch beide Methoden zusammenführen und auch gleichzeitig dazu einladen, althergebrachte Muster neu zu überdenken und vielleicht in einem nächsten Schritt zu vereinen.

Alles ist also als ein Zusammenspiel, als ein Gemisch der vier Grundelemente zu betrachten. Gleichsam wie die Polaritäten und Gegensätze sich immer miteinander vermischen und keines allein existieren kann, so ist auch in der Landschaft oder im Menschen niemals ein Element alleine vertreten.

Das erste Element, das ich hier beschreiben möchte, ist das Erd-Element. Wenn wir die Erde als Stoff betrachten, so steht sie für Fruchtbarkeit, Wachstum, Reife und Dichte. Aus ihr keimt der Samen, die Pflanze, die Frucht. Sie steht stellvertretend für das Feste, das Materielle, das Greifbare, das Schwere und das Körperliche. So wie sie uns nährt, wärmt sie uns auch.

In der Landschaft drückt sich dieses Element in satten braunen und rotbraunen Farben, durch Festigkeit, Dichte und Schwere aus. Berge, die eher hügelig wirken, einen weichen und saftigen Boden haben, dicht bewaldet, moosig und schattig sind, weisen eine hohe Erdenergie auf. Höhlenstrukturen, die einen Eingang in das Unterirdische gewähren, sind auch dem Erd-Element zuzuordnen. Diese Landschaft hat eine verwurzelnde und stabilisierende Qualität und formt das Materielle. Es ist das Fleisch der Erde und ihre Verdauung.

Die Berge, die diesem Element zugeordnet sind, strahlen Gelassenheit aus. Man fühlt sich ausgeglichen und gut versorgt in ihrer Nähe.

Die erste Ebene eines Berges ist meist von diesem Element bestimmt. Dichte üppige Wälder laden den Wanderer ein, sich im Schatten der Bäume auszuruhen, sich nochmals vom üppigen Grün der Pflanzen und von der satten Feuchte des Waldbodens nähren zu lassen. Diese Landschaft wärmt uns, umarmt und beschützt, nährt und stärkt uns, wie eine Höhle, die den Menschen vor Stürmen, Kälte und Nässe schützt.

Wenn wir in der Erde das Schwere, Saftige und Üppige sehen, so ist die gegenpolige Energie wohl in der Luft zu finden. Das Element Luft ist das Bewegte, das Leichte und Durchsichtige, das Helle und Klare. Während die Erde uns einlädt, auf ihr zu rasten und uns zu stärken, bewegt uns die Luft, mit ihr zu reisen, zu fliegen und völlig transparent zu sein. Wenn also Berge im Erd-Element hügelig und dicht bewaldet sind und stabilisierend sowie verwurzelnd wirken, so sind Berge im Luft-Element scharf, spitz und kantig. Auf ihnen kann der Eindruck entstehen, davongetragen zu werden oder wenig Boden unter den Füßen zu haben. Wir erleben ein Gefühl der Leichtigkeit und Grenzenlosigkeit. Wir scheinen nach oben zu streben, zielgerichtet und trotzdem weitläufig. Der schroffe Gipfel eines Berges ist wohl am ehesten diesem Element zuzuordnen. Der Blick geht weit in die Ferne und ist zugleich Kommunikation zwischen dem Festen und dem Feinen, dem Himmel und der Erde, wie Licht, das durch die Materie dringt. Die Bewegung und der Austausch sind wichtige Begriffe, die diesem Element zugeordnet werden. Diese Berge wirken als Lungen der Landschaft, es sind Steinsschichten, die sich wie eine feste Haut über die Landschaft ziehen und ständig im Austausch mit dem Innen und dem Außen, dem Ein- und dem Ausatmen, dem Strukturieren und dem Loslassen sind. In der Traditionellen Chinesischen Medizin wird dieses Element auch als Metall bezeichnet, weil es die einzigartige Eigenschaft besitzt, sich sowohl aufzulösen als auch zu verdichten. Gleichsam wie ein Baum im Herbst seine Blätter verliert, so ist auch die Energie der Luft zu verstehen. Man nimmt nur das auf, was wichtig ist, und besitzt zugleich die Fähigkeit, Altes loslassen zu können. Man schafft Struktur, geht in sich und arbeitet Vergangenes auf. Die Fähigkeit zu trauern ist eng verbunden mit der Fähigkeit loszulassen. Der Wind peitscht um die Felsen der Berge, hält manchmal fest und lässt dann wieder böenartig los. Er wirbelt den feinen Staub zwischen den Gesteinsschichten und den Schnee auf. Der Wanderer lässt los und gibt sich ganz der Kraft des Windes hin, weil er Teil dieser Landschaft ist und mit uns spielt, so als wolle er uns einladen, uns hinzugeben, leicht zu sein, uns tragen zu lassen, ohne festzuhalten. So wie das stetige Ein- und Ausatmen.

Das nächste Element ist das Wasser, welches eine unendlich wirkende Ruhe und Tiefe in sich trägt. Das Sprichwort "In der Ruhe liegt die Kraft" steht ganz im Zeichen dieses Elements. Auf die Jahreszeiten übertragen würde es den Winter symbolisieren, die Nacht, den Rückzug und das Undurchdringbare. Es ist zugleich die Zeit des Übergangs und des Neubeginns sowie die Seelenschicht.

Natürlich erkennen wir die Qualität dieses Elementes im Wasser selbst wieder, erkennen diese Tiefe und Undurchdringbarkeit in den Meeren und Seen, aber wir erkennen zugleich die ungeahnten Kräfte, die frei werden können, wenn sich dieses Element in Bewegung setzt. Es bahnt sich seinen Weg und kann nicht aufgehalten werden. Wenn wir in der Erde die Schwere unseres Körpers sehen und in der Luft die Leichtigkeit unserer Gedanken, so finden wir in diesem Element die Tiefe unseres Seins, das Unbekannte, die Seele. Das Wasser repräsentiert die tiefen Gefühle und Wesenszüge in uns, unsere Urqualität oder unseren individuellen Schriftzug. Und im übertragenden Sinne liegt sozusagen auf dem Grund unseres Meeres verborgen die Antwort auf die Frage, warum wir so sind, wie wir sind.

Diese Qualität nun auf die Landschaft zu übertragen, ist einfach, wenn wir Seen oder Flüsse betrachten. Wie aber manifestiert sich diese Eigenschaft in der Bergwelt oder in Landschaften, wo kaum Fließ- oder Stehgewässer zu finden sind? Berge mit einer hohen Wasserqualität sind oft aus geschwungenen und abgerundeten Steinen aufgeschichtet. Von außen betrachtet scheinen sie in der Landschaft zu verschwimmen oder wie Farbe zu verlaufen. Aus allen Felsspalten scheint Wasser zu quellen und zu tropfen und auf ihren Gipfeln glaubt man, auf einem sicheren, aber trotzdem wankenden Schiff zu stehen. Sie repräsentieren das Älteste und Weiseste der Landschaft, sie sind die Regenten aus Stein. Auf einem solchen Riesen stehend, kann ein starkes Gefühl der persönlichen Zentriertheit entstehen, man kann Ruhe und Tiefe erfühlen - eine Stille, die ist, wie sie ist. Eine Wanderung kann hier zu einer Meditation werden, wenn wir unseren Gefühlen erlauben, sich mit dem Berg zu verbinden, gleich Wasser, das in Wasser fließt. Man wird eins mit der Landschaft, kann sich öffnen, kann sich vermischen. Diese Berge haben auch die Kraft, der Landschaft Ruhe und Tiefe zu vermitteln. Auch der unruhige und getriebene Wanderer wird hier zur Ruhe finden und vielleicht in sich schauen, um seine Unruhe zu beobachten. Wasserorte wirken wie die Qualität eines Spiegels, so als ob man sich im Wasser betrachtet. Die Nerven kommen zur Ruhe, Angst wandelt sich zu Vertrauen oder peitscht sich auch manchmal zu tosenden Wellen auf, um danach wieder zur Bewegungslosigkeit zu finden. Wasserorte geben uns Kraft, Urkraft, und strahlen eine große Willenskraft in die Landschaft aus. Emotional kann so tiefes Vertrauen und entstehen und der Seele mehr Raum geben. Es entsteht ein unendliches Vertrauen in sich selbst und alle Dingen, die daraus entstehen und entstanden sind, und ein Friede, der sich über alles Seiende legt.

Ein Gegenstück, das nicht stärker sein kann und vielleicht am genauesten das Yin und das Yang veranschaulicht, ist das Feuer bzw. sein Verhältnis zum Wasser. Wenn Wasser die Ruhe und Tiefe veranschaulicht, so repräsentiert das Feuer die Aktivität und Dynamik. Es ist die Zeit des Sommers. Es ist aber auch die Zeit, in die die meisten Feste fallen. Es wird gefeiert, gesungen und getanzt, gelacht und geliebt. Im Geist bringt dieses Element die Freude und das Lachen hervor und erzeugt so ein Gefühl von innerer Harmonie und Liebe zu allem, was ist. Es repräsentiert das Herz und das Blut, die Sonne, die aus der Erde strahlt.

In der Landschaft finden wir das Feuer in Orten wieder, die stark von der Sonne bestrahlt werden, frei und exponiert sind. Die Böden sind sandig und trocken und repräsentieren so die Urqualität dieses Elements, die Sonnenkraft.

Berge, die stark von diesem Element geprägt sind, scheinen fast wie ein Feuer zu lodern. Sie sind spitz zulaufend, haben kaum Vegetation, streben stark nach oben und die Steine, Felsen und Gipfel tragen eine flammende Qualität in sich.

Und so ist auch die Energie dieser Riesen zu verstehen, wie sie sich auf uns auswirken kann. Auf solchen Bergen wird man stark aktiviert und erwärmt. Zurückgezogenheit und Gefühlskälte können hier durchbrochen und zurückgehaltene Emotionen können befreit werden. Man fühlt eine starke Verbundenheit und Liebe zu allem, was ist. So können jene Berge zu Therapeuten werden, die uns auch die Liebe zu uns selbst neu entdecken lassen können. Die Liebe als höchste Kraft, die, ohne zu hinterfragen, alles annimmt, was ist. Diese Liebe ist nicht etwa gleichzusetzen mit der Liebe, die Partnerschaften bildet und entstehen lässt. Diese Liebe ist eine Kraft, die alles als gleichwertig erkennt und weiß, dass alles so geschehen muss, wie es geschieht, und dass alles so wachsen muss, wie es wächst. Es ist eine sehr ausgleichende Kraft, die weder bewertet noch sich oder andere in ein helleres Licht rückt.

Es ist natürlich schwer, bei all den Missständen und all der Gewalt, die auf der Erde derzeit herrschen, zuzusehen und milde zu lächeln. Aber es ist durchaus machbar, diese Dinge anzunehmen, wie sie sind, und diese Geschehnisse in ihrem Wachstum zu akzeptieren. Gleich wie man ein krankes Tier, das wild und aggressiv ist, versucht, mit Liebe großzuziehen und zu zähmen, so soll man auch das Zwischenmenschliche betrachten. Gewalt und Missstände sollten wir also nicht bewerten und verurteilen, sondern versuchen, diese zu verstehen und zu akzeptieren, und mit einer ruhigen, ausgleichenden Kraft hilfreich und unterstützend wirken. Es geschieht nichts, wenn man zu stark Partei ergreift und eine Gegengewalt erzeugt, die das Ungleichgewicht und die Disharmonie verstärkt.

Diese Liebe ist also ein Verstehen und ein Akzeptieren und zugleich ein Sicherkennen in allem, was ist. Es ist eine Kraft, die uns lehrt, durch die Natur den Menschen zu erfahren und durch die Beobachtung der Menschen sich selbst zu erkennen. Diese Kraft ist die allumfassende Liebe, die uns aber nicht dazu animiert, blind alle Menschen zu umarmen, ohne ihre Handlungen zu hinterfragen.

Oft schafft Distanz mehr Nähe. Distanz, um einem Menschen zu verstehen zu geben, dass er falsch handelt und dass er diese

Handlung überdenken sollte. So ist diese allumfassende Liebe auch als ein Sich-abgrenzen-Können und als Offenheit zu verstehen. Offen sich selbst und zugleich offen allen Menschen gegenüber, ohne sich verstellen zu müssen oder in eine Künstlichkeit zu verfallen. Liebe ist also gleichzusetzen mit Offenheit und mit großem Respekt gegenüber allen anderen Lebewesen und der Natur. In diesem Zustand brennt das Feuer weder zu stark noch ist es in Gefahr zu erlöschen. Es ist dann ein Feuer, das mit seinem Licht die Dunkelheit durchschneidet, um einem stets den Weg zu zeigen.

Erde und Mensch bestehen demnach aus einem Zusammenspiel der vier Grundbausteine, der Elemente Erde, Luft, Wasser und Feuer. In allen Kulturen, insbesondere in der chinesischen Lehre, ist aber auch ein fünftes Element fest verankert. Im Osten wird dieses Element Holz genannt, die alten Griechen bezeichneten es als Äther. In Ägypten war es die Gottheit Seth, der das Chaos und damit das fünfte Element der Wandlung oder der Umgestaltung verkörperte. Trotzdem ist alles meist ein Wechselspiel der vier archetypischen Elemente Erde, Luft, Wasser und Feuer. Wie hoch sich die jeweiligen Anteile nun manifestieren und in welchem Verhältnis sie sich mischen, zeigt sich dann in der Gestalt der Menschen, Tiere oder Berge. Äußerst selten wird man Berge oder Landschaften finden, die nur einem Element zugeordnet werden können. Es ist stets eine Verbindung der Elemente, die gestalterisch wirkt. So gibt es erdige Wälder, die sich mit wässriger Qualität mischen und oft bis zu den spitzen und sonnigen Gipfeln wachsen, wo Feuer und Luft sich vereinen. Diese Formgebung ist eine Ausstrahlung des fünften Elements und die Bewegung der Elemente untereinander.

Als abschließendes Beispiel möchte ich einen Baum beschreiben, der all diese elementaren Qualitäten und ihr Zusammenwirken in sich vereint. An seinem Beispiel wird auch ersichtlich, warum dieses Element als Holz bezeichnet wird. Es ist die Qualität der Transformation und der Wandlung.

Das *Element Wasser* ist in den feinen Strukturen der Baumwurzeln erkennbar. Es ist die Schicht, aus der er gewachsen ist und die ihn selbst mit der Mutter Erde verbindet. Es ist die Seelenqualität des Baumes, das Nichtsichtbare, das Verborgene. Je älter, desto tiefer greift diese Schicht, nährt ihn mit den Essenzen, macht ihn erhabener und weiser.

Diese Essenz, diese Seelenkraft, fließt dann weiter in den Stamm des Baumes, der das *Element der Erde* repräsentiert. Er ist Körper und Festigkeit, Materie und Stabilität. Der Baumstamm strahlt Energie und Gelassenheit aus, vermittelt Frieden und wächst mit Geduld voller Macht dem Himmel entgegen.

Aus dem Stamm wachsen Äste und Zweige, immer feiner und feiner. In dieser Struktur ist das *Luft-Element* erkennbar. Es dehnt sich immer weiter nach oben aus, wächst empor und entwickelt sich aus dem Yin des Wassers und der Erde langsam zum Yang-Leben des Baumes. In einem ständigen Austausch mit Körper und Kosmos beatmet diese Schicht den Baum. Es ist die Atmung des Baumes, welche die Energien aufnimmt und wieder abgibt, in einem ständigen Wechsel zwischen Annehmen und Loslassen.

Die Knospen und Blüten des Baumes sind demnach dem *Element Feuer* zuzuordnen. Sie sind zugleich Fruchtbarkeit und Verletzlichkeit und sind als Herz und als Ätherschicht des Baumes erkennbar. Es ist die Kraft, die dem Baum Geist verleiht und ihn feste und gehaltvolle Früchte tragen lässt.

Das fünfte Element zeigt sich sodann im Austausch der vier Elemente untereinander. Es ist in der Zeit des Heranwachsens erkennbar. Es ist eine Kraft, die plant und schafft, die aber auch geduldig und entspannt das Wachstum beobachtet. Es ist eine freie und kreative Kraft, vergleichbar mit den frischen Ästen, die der Frühlingswind bewegt. Kreativ und schaffend, vergleichbar mit der Farbenpracht, die sich nach und nach in dieser Zeit in der Natur manifestiert.

Wenn wir die Natur mit uns in Verbindung bringen, können wir die positiven Eigenschaften der Elemente in uns aufnehmen. Das fünfte Element ist die Verbindung zwischen Wasser und Feuer, zwischen dem Winter und dem Sommer und ist auch als Kraft zu verstehen, die diese beiden bewegt und wandelt. Es ist die Wandlungsphase zwischen dem Yin und dem Yang.

Gerade in der jetzigen Zeit spüren wir dieses Element besonders stark. Die Elemente in der Natur sind in großer Bewegung und wirken sich natürlich auch in unseren Gedanken und Gefühlen aus, sie nehmen so auch Einfluss auf unsere körperlichen Funktionen. Alles befindet sich derzeit in Wandlung und Transformation. Überaktivitäten und Überreaktionen machen sich auch beim Menschen bemerkbar, der beständig loslassen und sich neu orientieren muss und dadurch schnell in den Burnout schlittert.

Die Erde zeigt ein Ungleichgewicht der Elemente durch Überschwemmungen, Stürme, Brände oder Hungerkatastrophen. Sie werden oft als Krankheiten des Planeten oder als Ausleitungssymptome bezeichnet, die enden werden, wenn die Neuorientierung des

Bild 5: Der Crode De Longerin in den Karnischen Alpen ist überwiegend dem Feuerelement zugeordnet. Gleich einem mächtigen Feuerdrachen strahlt er Licht und Aktivität in die Landschaft aus.

gesamten Planeten und seiner Menschen abgeschlossen ist. Dies scheinen aber oft sehr wertende und angstmachende Ausrichtungen zu sein.

Ich glaube einfach, dass wir in Zukunft langsam den Weg von einem überstarken Yang in ein harmonisches Yin finden werden. Materieller Besitz und Egozentrik werden dann immer unbedeutender bzw. sollten es werden. Der Mensch kommuniziert mehr über die Herzensebene und den Geist und ruht stetig, auch wenn es draußen stürmt und friert, in seiner Mitte. Er weiß sich und die Welt im Zentrum und im Schutz der vier Elemente.

Übung

Verbindung mit den fünf Elementen

Diese Übung soll dazu beitragen, unsere Mitte zu stabilisieren, so dass wir in unserer Wandlungsfähigkeit und unserem Wachstum sein können.

Wir suchen uns einen Ort, der uns anzieht und in dem wir alle vier Grundqualitäten von Luft, Erde, Wasser und Feuer erkennen können. Wir nehmen wieder eine entspannte Sitz- oder Standhaltung ein und bringen uns langsam mit der Natur oder dem Berg in Verbindung.

Aus einer tiefen Atmung und Wahrnehmung des gesamten Körpers heraus spüren wir die Qualität der Erde unter uns. Wir spüren die Wurzeln an unseren Füßen, und wir spüren, dass diese Stabilität und Gelassenheit der Erde uns gut mit dem Boden verbindet. Wir atmen die Luft und spüren Vitalität in uns sowie die Fähigkeit, Altes auszuatmen, um Neues aufzunehmen.

Wir lauschen dem Wasser und visualisieren tiefes Vertrauen und einen starken Willen. Langsam gehen wir mit unserer Aufmerksamkeit zu unserem Herzen und spüren dort die innere Aktivität und Wärme, den Herzschlag und unseren Kreislauf, begleitet von einem Gefühl der Wärme und Verbundenheit. Aus dieser Wahrnehmung heraus lassen wir nun auch die Qualität der anderen Elemente in unser Persönlichkeitszentrum, den Solarplexus im Oberbauch, fließen. Und in diesem Fluss der Elemente spüren wir unsere eigene Persönlichkeit im Wandel der Zeit und fühlen uns in unserer Mitte ruhend.

Abschließend bedanken wir uns bei dem Ort oder dem Berg und schließen die Übung ab.

Kapitel 4

Die Sprache des Herzens

Bevor wir zu den energetischen Prinzipien und Manifestationen im Menschen und in der Landschaft kommen, möchte ich in diesem Kapitel Methoden zu einer verfeinerten Wahrnehmung beschreiben und erzählen, weshalb Orte, die uns besonders anziehen oder auch abstoßen, eine Reaktion in uns auslösen.

Wie wir ja bereits im ersten Kapitel erfahren haben, steht alles mit allem in Verbindung und das Kleinste spiegelt sich im Größten wider. Ein Mensch oder ein Landschaftsholon bildet demnach einen eigenen Lebensraum, einen Körper. Als Grenze kann hier die Haut beim Menschen, die Mauer bei einem Haus gesehen werden. Aber auch ohne materielle Grenzen gibt es in der Landschaft zwischen Orten oder Plätzen feinstoffliche Membrane, gleich der menschlichen Aura, die sich über Bäume, Berge, Länder und Meere spannen. Trotzdem sind wiederum alle Menschen und Orte untereinander verbunden, die Holone überschneiden sich und die Membrane verdichten sich, vergleichbar mit den Menschen einer Großfamilie, die in einem Haus mit Garten wohnen, welches sich wiederum in dem Land eines Kontinents der Erde befindet. So kann man sagen, dass alles, was wir wahrnehmen, in einer Beziehung zueinander steht, weil auch alles ineinander und miteinander verflochten ist. Dieses Phänomen wird als Resonanzphänomen oder als Spiegelwirkung umschrieben. Es ist ein sehr einfaches und einleuchtendes Prinzip und ist in vielen Büchern oft sehr komplex umschrieben worden, so dass viele von uns solche Schriften schon kopfschüttelnd auf die Seite gelegt haben.

Versuchen wir es also einfacher. Wir stellen uns vor, auf einer Hochwiese zu stehen. Der Himmel ist klar und bietet freie Sicht auf die vielen Berge oder Landschaften in der Umgebung. Wir schauen uns um und fühlen uns plötzlich von einem Berg besonders angezogen. Er übt auf uns einen Reiz aus, uns mit ihm zu verbinden und die Gedanken in diesem Blick ruhen zu lassen. Unsere inneren Bilder scheinen in diesem Ort widerzuhallen, scheinen von *dort zurückzuklingen*, was auch die deutsche Übersetzung des lateinischen Wortes Resonanz bedeutet. Was aber lässt in uns diese Resonanz entstehen und warum fühlen wir uns gerade von dieser Landschaft so angezogen?

Dieser Prozess der Annäherung und das Erkennen eines Ortes, Berges oder auch eines Menschens ist zugleich ein Prozess der Selbsterkenntnis. Eine alte, schöne Erinnerung kann damit in Verbindung stehen, aber auch ein negatives, unverarbeitetes Erlebnis, das uns der Ort oder der Berg als Angst oder Unbehagen spiegelt. Es gibt ja bekanntlich Berge, in deren Nähe man sich still und ausgeglichen fühlt, oder auch Plätze, die als Kraftorte beschrieben werden. Gleichzeitig kennen wir aber auch Gebiete oder Gebäude, die in uns ein Unbehagen oder auch Angst auslösen.

Warum die meisten Menschen an bestimmten Orten in eine Resonanz kommen, untersucht die Geomantie, die auch einen wesentlichen Bestandteil dieses Buches bildet. Senden ist zugleich auch Empfangen, ein Zusammenspiel von Erde, Mensch und Kosmos. Wenn also alle Menschen an einem Ort übereinstimmend das Gleiche wahrnehmen, so kann man diese Kräfte auch für andere öffnen und sogar therapeutisch nutzen, wozu ich auch in diesem Buch einladen möchte. Es gilt aber auch, keine starren Strukturen zu schaffen, um sich darin in seiner Freiheit begrenzt zu fühlen, sondern ich möchte vielmehr zeigen, wie unterschiedlich, lebendig und wesenhaft die Erde in ihrer Vielfältigkeit ist und wie dankbar sie sich zeigt, wenn wir in tiefe Resonanz mit ihr und ihren Orten gehen. Damit findet auch eine starke Vertiefung der Beziehung zwischen Mensch und Landschaft statt.

Jeder Mensch besitzt eine völlig individuelle Fähigkeit bzw. Herangehensweise, um das Äußere wahrzunehmen. Damit können wir eintauchen in die Bilder- und Farbenwelten, in die Ebenen der Geschichten und der Geschichte. Wir fühlen eine Anziehung, aber manchmal auch eine Abneigung gegen einen Menschen oder einem Ort, gehen also in Resonanz, um uns schlussendlich darin selbst wahrnehmen. Wenn wir dies so erkennen, kann Tiefgreifendes und Auflösendes geschehen. So kann der Berg oder der Ort zum Körpertherapeuten und gleichzeitig zum Seelendoktor werden. Es gilt hier lediglich, das Interesse zu entwicklen und eine Offenheit für diese Prozesse zu haben, hineinzugehen und sich anzuschauen, was dieser Ort in mir auslöst, warum er mich abstößt oder mich so magisch anzieht. Dies allein kann schon alte Muster an die Oberfläche bringen, die sich als emotionale und körperliche Disharmonien spiegeln. Im Erkennen können wir diese dann auch verarbeiten und loslösen. Dies kann je nach Qualität bei einer einzigen Besteigung geschehen, in anderen Fällen aber Jahrzehnte dauern, auch wenn man diese Landschaft täglich bewandert.

Um diese Orte nun besser zu spüren oder mit anderen Augen zu betrachten, möchte ich beschreiben, wie sich diese für uns ungewohnte Kommunikation am einfachsten entwickeln lässt. Es ist eine Sprache des Herzens, die über den Herzraum Ausdruck findet.

Täglich von früh bis spät arbeitet unser Gehirn, und unser Intellekt hüllt alles in eine verstandesorientierte Hülle. Alles muss begreifbar gemacht und wissenschaftlich belegt werden. Wir werden also in diesem Zaum gehalten, weil uns die Wissenschaft glauben lässt, dass alles so verstanden werden muss, wie sie es auslegt. Jeden Tag werden neue Forschungswunder wissenschaftlich belegt, während die gestrigen schon vergessen sind. Und im Hintergrund läuft die Maschinerie der Wirtschaft und der Politik und lässt unseren Verstand immer voller werden und unser Vertrauen immer kleiner. Die spirituelle Ebene wird gleichzeitig genau von dieser Ausrichtung ins Lächerliche gezogen und zusammen mit Sektentum und Schwarzmagie in eine Schublade voller Angst und Abneigung gesteckt.

Versuchen wir aber, die Konzentration weg von unserem Kopf in unseren Herzraum zu lenken, kann eine andere Sprache entstehen, die mit anderen Worten wirkt und uns etwas Wesentliches lehrt. In dieser Verbindung können wir die Landschaft in ihrer Ganzheit wahrnehmen, ohne sie rational zu beurteilen. Der Ort oder die Pflanze spricht dann in Form von feinen Gefühlserlebnissen und inneren Bildern und Klängen und Erfahrungen zu uns. Wenn wir offen sind und Vertrauen in uns haben, können wir die verschiedenen Raumqualitäten erspüren und so zu einer Kommunikation mit der Landschaft kommen, über die wir uns dann auch mit anderen Menschen austauschen können. So können wir wieder mehr und mehr mit der Landschaft verschmelzen, die Zeit der Trennung von Kopf und Herz hinter uns lassen und eine offenere und freiere Sprache sprechen. Es gilt also, die Intelligenz des Herzens wahrzunehmen und sie gleichberechtigt in unsere intellektualisierte Welt einzubringen. Die Verschmelzung von Herz und Kopf, von linker und rechter Gehirnhälfte, von Yin und Yang ist die Öffnung hin zu einer anderen, viel weiteren Wahrnehmung.

Wir besitzen also neben unseren Sinnen des Tastens, des Bewegens, des Gleichgewichthaltens, des Geruchs, des Geschmacks, des Sehens, des Hörens oder des Wärmeempfindens andere Wahrnehmungsqualitäten, wie unsere Lebensfelder oder Energiezentren, zu denen ich aber in den nächsten Kapiteln noch kommen werde. Die äußeren Bedingungen aber, um sich vorzubereiten und um wieder mit diesen "vergessenen Augen" zu sehen, möchte ich hier kurz beschreiben:

Nach einer Einstimmung, die uns hilft, eine Beziehung zu dem Ort aufzubauen, folgt die Verbindung. Hier ist es äußerst hilfreich, sich selbst eine konkrete Frage zu stellen bzw. eine Aufgabe zu geben, warum man sich überhaupt mit dem Ort verbinden möchte. Dies kann die Frage nach der Qualität des Ortes sein oder die Bitte nach einer Botschaft für die eigene persönliche Entwicklung. Darauf erfolgt der Austausch. Je mehr wir hier sensibilisiert sind und sozusagen unsere Fühler entwickelt haben, desto klarer kann die Kommunikation werden. Wichtig ist es auch, ohne Vorurteile und Erwartungen zu sein, um den rationalen Aspekten unseres Denkens einmal weniger Beachtung zu schenken. Der Blick geht einfach ins Leere, ohne zu wollen oder zu erwarten.

Oft ist es auch hilfreich, einen persönlichen Schlüssel zu wählen. Dies kann eine Körperbewegung, eine Geste sein oder eine innere Vorstellung, die uns wie ein persönliches Ritual dabei hilft, tiefer und einfacher in die Wahrnehmung zu kommen.

Darauf folgt die Phase der Beschreibung. Wir halten unsere Kommunikation einfach fest, sprechen sie auf ein Memo oder schreiben sie auf. Besonders schön ist es, die Erfahrungen in einer Gruppe auszutauschen und zu vergleichen. Es ist immer wunderbar zu beobachten, wie einheitlich die Wahrnehmungen und Schilderungen verschiedenster Menschen zur Qualität eines Ortes sind.

Dann kann das Erlebte und Wahrgenommene von unserem Verstand übersetzt werden, um die ausgelösten Reaktionen zu verstehen, zuzuordnen und zu verarbeiten. Ich möchte aber trotzdem wieder unterstreichen, dass wir uns hierbei nicht wieder zu sehr von unserem Verstand leiten lassen sollten, was uns ein Spruch aus dem Zen-Buddhismus verdeutlichen soll: "*Wahrnehmen, ohne zu benennen.*"

Nach und nach werden wir dann auch lernen, persönlichkeitsbezogene Gedanken oder Impulse von der Information des Raumes selbst zu unterscheiden, was wiederum zu einer tieferen Beziehung mit der Landschaft führt. Dafür ist Vertrauen zu sich selbst nötig und Erfahrung, die wiederum das eigene Vertrauen stärkt. Beides erlernen wir in der Begegnung mit dem Ort und im Austausch mit anderen Menschen. Wir erkennen so, dass unser Lebensraum ein Spiegelbild von uns selbst ist. Dies zeigt sich aber nicht nur unmittelbar in unserem engeren Lebensraum, wie Haus und Garten, sondern vollzieht sich mittels der Resonanz über ganze Landschaftsabschnitte bis hin zu Ländern und Städten. Die unterschiedlichen Wirkungsebenen möchte ich in den nächsten Kapiteln erklären.

Bild 6: Wunderbare Landschaften, wie hier der Blick von der Sillianer Hütte auf die Drei Zinnen der Sextener Dolomiten, bringen uns in Resonanz mit der Umgebung und lassen ein inneres Echo entstehen, welches in uns als Antwort widerhallt.

6

Übung

Das Rahmengerüst einer Wahrnehmung

Durch diese Übung sollen die Rahmenbedingungen nochmals praktisch umgesetzt werden, bevor wir dann zu den verschiedenen Methoden der Wahrnehmung kommen. Natürlich können auch andere Methoden bzw. Entspannungsübungen zur Einstimmung und Verbindung gewählt werden.

Einstimmung: Sitzend, stehend oder liegend gehen wir mit unserer Aufmerksamkeit zu unserer Atmung. Wir spüren, wie sich der Bauch beim Einatmen hebt und beim Ausatmen senkt. Wir stellen uns vor, Ruhe einzuatmen und Verbrauchtes auszuatmen. Dann verbinden wir uns mit der Erde und gehen mit unserer Aufmerksamkeit zu den Fußsohlen. Wir visualisieren Wurzeln, die uns wie bei einem Baum immer dichter und tiefer mit dem Boden, auf dem wir stehen, verbinden.

Verbindung: Nun stellen wir eine gezielte Frage oder Bitte.

Austausch: Bevor wir im Folgenden zu den verschiedenen Methoden der Wahrnehmung kommen, wollen wir uns hier einmal so der Landschaft öffnen, wie dies für uns stimmig ist. Auch eine Geste oder ein inneres Bild kann zum Einsatz kommen.

Beschreibung: Wir machen nun Notizen, was wir gespürt bzw. gesehen haben, oder tauschen uns mit anderen Menschen aus.

Übersetzung: Im Nachhinein kann nun darüber nachgedacht werden, was diese Bilder, Gedanken oder Gefühle mit der eigenen Person und/oder mit dem Ort zu tun haben.

Kapitel 5

Die Wahrnehmung des Ortes

Um also einen Ort oder das Wesen eines Berges mit offeneren Augen und Ohren zu spüren, gibt es verschiedene Methoden der Raumwahrnehmung. Bevor wir nun zu den verschiedenen Möglichkeiten kommen, möchte ich nochmals die Wichtigkeit der Vorbereitung und Einstimmung erwähnen. Mit einer erhöhten Aufmerksamkeit sowie einer guten Lebensführung und positiven Gedankengestaltung können wir nach und nach die Fähigkeit entwickeln, im Zusammenspiel mit der Erde auch unsere Sinne weiterzuentwickeln. Je mehr man sich im Außen erkennt, sich sozusagen selbst schaut, umso mehr kann man sich annehmen und sich von Anspannungen und Anhaftungen lösen, um freier und freier zu werden und seine Imagination, Inspiration und Intuition zu entfalten.

Imagination

Die einfachste Form, die Sinne zu erweitern und eine tiefere Wahrnehmung zu entwickeln, ist die Imagination. Imagination bedeutet weit umschrieben "Bild". Man schafft sich ein Bild – man bildet sich sozusagen etwas ein. Leider hat das Wort Einbildung in unserem Sprachgebrauch völlig an Kraft verloren und ist sogar von Negativität umgeben. Wir werden begrenzt, da wir so erzogen worden sind, dass alles, was nicht der begreifbaren Realität entspricht, Einbildung ist. Was aber ist real und was ist eingebildet, was ist erklärbar und was halluziniert? Wir haben die Fähigkeit, diese Grenze selbst zu bestimmen, sie aber auch weiter zu stecken und die daraus resultierende Freiheit anzunehmen, denn ohne Einbildung gibt es auch keine Erkenntnis und ohne Erkenntnis kein Eigenleben. Die Aufgabe besteht also darin, durch Vorstellungen eine Basis zu entwickeln, die sozusagen aus den imaginierten Bildern frei entstanden ist. Durch diese bildliche Kommunikation erhalten wir Auskunft über den Ort oder uns selbst. Wir gelangen so in eine emotionale Verbindung mit der Landschaft und nehmen sie über die Herzensebene wahr. Es geht hier einfach um die eigene Kreativität, und anstelle von Worten verwenden wir die Imagination, um in den Austausch zwischen Mensch und Raum zu gehen. Es gibt unterschiedlichste Varianten, die sehr individuell ausfallen können und die jeder für sich erarbeitet. Wichtig ist nur dabei, nichts mit dem Kopf erzwingen zu wollen. Es geht ja dabei um nichts, und wir werden weder bewertet noch benotet. Wir sollten uns unbedingt frei und leicht dabei fühlen. Hier einige Beispiele:

> Wir visualisieren eine Lichtkugel im Herzraum und spüren, wie sich dies anfühlt. Dann bilden wir uns ein, dass dieses Licht von unserem Herzen aus in die Landschaft fließt und diese umhüllt.

> Wir bleiben einfach in ständiger Konzentration mit dem Inneren unseres Körpers, so lange bis wir etwas wahrnehmen, das sich gut anfühlt. Dann richten wir unsere Aufmerksamkeit auf eine Pflanze oder einen Ort, der uns gefällt, und bleiben wieder so lange darauf konzentriert, bis wir etwas wahrnehmen, was uns Auskunft gibt.

Wir zaubern ein Lächeln auf unser Gesicht, das von unserem Inneren ausgeht und das wir zum Beispiel einem Berg entgegenbringen.

Wir können auch mit anderen Zentren in Resonanz gehen, die im Kapitel "Die 7 Zentren der Kraft" genau beschrieben werden. Eine Möglichkeit ist auch, den Ort einfach mit der Handfläche abzutasten und sich so mit dem Ort oder den Wesen dort zu verbinden. Es geht wirklich einzig und allein darum, seine eigene Sprache zu entwickeln und sich so auch gleichzeitig von Einschränkungen und falschen Überzeugungen zu befreien.

Inspiration

Wenn wir durch Bilder oder durch die Imagination von außen mit dem Ort in Kommunikation kommen wollen, so findet dies bei der Inspiration von innen statt. Wir lassen uns also inspirieren, uns vom Spirit des Ortes anregen und treten in eine Du-Beziehung. Wir schreiben oder zeichnen einfach das, was uns gerade in Bezug zu diesem Ort oder der Landschaft einfällt, und versuchen, uns dabei von unserem Unterbewusstsein führen zu lassen. Wir gehen also mit der Aufmerksamkeit weg von unserem Verstand und leiten sie direkt in die Pflanze, den Ort oder auch den Menschen, den wir inspirativ wahrnehmen wollen. Dabei geht es nicht um die Besonderheit der Sprache oder der Zeichnung, sondern vielmehr um den Prozess, der aus dieser Verbindung entsteht. Man zeichnet einfach das, was einem gerade einfällt, oder schreibt Worte nieder, die nicht vom Verstand einer Prüfung unterzogen werden, sondern schreibt sie einfach nieder. In diesem Moment lösen wir uns vom Intellekt, der alles zerdacht hätte, und von den persönlichen Erwartungshaltungen, die daraus entstehen. Daraus entwächst ein Fluss der Sprache oder des Zeichnens. Ohne diese

Überlegungen davor oder dabei können wir wertfrei in einen Dialog treten und so, nachdem wir uns auf den Ort konzentriert haben, die Qualität der Landschaft übersetzen, um eine Antwort auf unsere Frage zu erhalten. Es gibt keine Trennung zwischen Mensch und Raum, sondern nur eine beziehungsvolle Begegnung. Der Verstand wirkt dabei oft wie eine Axt, die diese Verbindung durchschlägt.

Intuition

Intuition bedeutet so viel wie das Ich-Erleben. So wie wir uns selbst als Ich erleben, uns auf unsere eigenen Qualitäten beziehen, so können wir auch in Verbindung mit einem Ort kommen, um dort die seelisch-geistige Ebene wahrzunehmen. Wir kommen so gleich zu einem Austausch mit der Landschaft. Für viele klingt dies wohl fremd, abgehoben oder unerreichbar. Zugleich wissen wir aber, dass unser Leben und Erleben geprägt sind von Intuitionen, Imaginationen und Inspirationen. Man denkt etwas, spricht darüber und bekommt sogleich die Antwort, weil der Mensch, dem man dies mitgeteilt hat, zufällig zuvor das Gleiche gedacht hat. Schwierig dabei ist für uns dann nur die Situation, dass wir solche Erlebnisse sofort als Unsinn abtun, dadurch die Erfahrung unterdrücken, sozusagen im Keim ersticken und uns wieder ganz den ernüchternden Gedanken hingeben, es uns aber keinesfalls erlauben, das Erlebte weiter auszuspinnen. So können wir diese Fähigkeiten in uns auch nicht integrieren oder weiter fördern. Dadurch entsteht Trennung, nicht nur gegenüber anderen Menschen, sondern wir schneiden uns auch von der Sprache der Landschaft oder der Tiere ab.

Der Weg der Vertiefung der Intuition führt also über das persönliche Erfahren und das bewusste Üben und Sensibilisieren unserer Wahrnehmungsfähigkeit. Dabei benötigt man aber keine stundenlangen Meditationen oder Imaginationen, sondern man sollte einfach wertfrei und offen versuchen, diese Entwicklung der eigenen Spiritualität anzunehmen. Wer für sich die Entwicklung seiner Intuition unterstützen möchte, sollte keine Wünsche oder Erwartungshaltungen haben, sondern den Abbau von Vorstellungsgrenzen sowie Vorurteilen fördern, sich voller Ruhe und Gelassenheit auf die Verbindung mit dem Ort oder der Erde einstimmen und versuchen, Situationen aus unterschiedlichen Blickwinkeln zu betrachten. So kann eine Spontaneität und Offenheit gegenüber unserer eigenen Intuition entstehen, die auch darüber Auskunft gibt, dass unsere Imagination, Inspiration und Intuition eigentlich stets zusammenfließen und die Grammatik einer neuen Sprache sind. Die Vokabeln dieser Sprache aber wollen selbst gefunden werden und können, weil jeder Mensch einzigartig ist, nicht durch Programme trainiert werden. Dies ist das Wunderbare, was uns ausmacht.

Bild 7: Dieser einhundert Meter hohe Felsen in der Weissenbach-Scharte in den Julischen Alpen scheint aus leblosem Stein geformt. Schärft man jedoch seinen Blick, kann man möglicherweise einen uralten weisen Wächter darin erkennen.

Übung

Imagination, Inspiration und Intuition

Nach der Einstimmung und der bewussten Verbindung mit dem Ort, der in uns eine Resonanz ausgelöst hat, fokussieren wir unsere Wahrnehmung bzw. bitten um das, was wir wahrnehmen wollen.

Wir visualisieren, dass unser ganzer Körper wie die Sonne strahlt, und wir spüren, wie unsere Sonnenstrahlen sich mit der Landschaft verbinden. Wenn wir eine gute Verbindung spüren, stellen wir uns vor, dass der ganze Ort wiederum eine Sonne ist und dass sich seine Wärme mit unserer verbindet.

Wenn uns dieser Austausch als innerer Frieden oder Leichtigkeit gezeigt wird, schreiben oder zeichnen wir spontan aus einer freien Bewegung heraus, ungeachtet, was entsteht.

Wir bedanken uns und halten nochmals fest, welche Gefühle oder Bilder oder Worte in der bildhaften Verbindung entstanden sind, oder wir vergleichen, wie diese zum Geschriebenen oder Gezeichneten in Verbindung stehen.

Kapitel 6

Die Lebenskraft des Raumes

Ki in Japan, Ka bei den Ägyptern, Orgon in Europa, Guruwari bei den Aborigines, Chi in China, Prana in Indien, Pneuma bei den alten Griechen oder Wyda bei den Kelten sind nur einige Bezeichnungen verschiedenster Kulturen, die den Begriff der Lebenskraft umschreiben. Fast alle Völker haben das Konzept einer universell vorhandenen Lebensenergie, die in der Luft, im Wasser, in der Erde, im Feuer und demnach sowohl im menschlichen Organismus als auch in der Landschaft zirkuliert. Es ist eine allgegenwärtige Kraft, die auf der Erde jede Lebensgrundlage schafft.

Allzuoft wird diese vitale und lebensnährende Essenz mit dem Wort *Energie* gleichgesetzt, was aber wohl eine extreme Vereinfachung darstellt. Ein Philosoph des 19. Jahrhunderts übersetzte diesen Begriff einmal als *Atem der Welt*. Äther, Atmosphäre, Wesen oder Zustand wären auch bereits verwendete Vergleiche.

Obwohl die europäischen Ärzte Paracelsus, Mesmer und Wilhelm Reich noch mit dem Begriff der Lebensenergie arbeiteten und damit große Heilerfolge erzielten, haben die Kenntnis und der Umgang mit der vitalen Essenz in der westlichen Schulmedizin durch die einseitige Bevorzugung des physikalischen und chemisch Messbaren stark an Bedeutung verloren.

Wie genau aber definiert sich diese Energie und wo entsteht sie? Um diese Frage zu beantworten, ist es notwendig, die verschiedenen Aspekte der Energiegewinnung kurz zu beschreiben.

Die traditionellen Anschauungen der Energetik gehen davon aus, dass es verschiedene Arten gibt, aus denen alle Lebewesen ihre Lebenskraft beziehen.

Im menschlichen Leben beginnt dies bei der Befruchtung einer Eizelle. Dieses von unseren Eltern ererbte Ki können wir auch als unseren genetischen Code bezeichnen. Es ist die primäre Essenz, die in den Nieren gespeichert, nur langsam verbraucht wird und auch mit dem Wesen des Elements Wasser gleichgesetzt werden kann. Ein Teil dieser Urquelle ist nicht erneuerbar und als Lebenserwartung in unserer Genetik gespeichert. Diese Art wird oft als Ursprungsenergie bezeichnet.

Eine weitere Form der Energie wird aus der Nahrung gewonnen. Sie repräsentiert sozusagen die Umwandlung von Wasser und Nahrung in Ki. Diese Form ist die Nahrungsenergie und ist mit dem Element Erde gleichzusetzen.

Über die Lungen wird die Atemluft aufgenommen. Hierbei wird sozusagen *energiereiche* Luft eingeatmet und *verbrauchte* Luft wieder ausgeatmet. Das Ki der Luft ist bereits im reinen Zustand, braucht daher keine Verarbeitung und wird als Atemenergie bezeichnet. Hier ist das Element Luft oder Metall bezeichnend.

Durch ein Zusammenspiel dieser drei Arten und der Elemente wird dann die sogenannte wahre Energie hergestellt. Diese reine Form zirkuliert in den Meridianen oder Energiekreisläufen und versorgt so - völlig anders als der Blutkreislauf - alle Organe, Muskeln oder Nerven mit Vitalität und Kraft.

In und durch die Verbindung der Elemente finden ähnliche Prozesse auch auf der Erde statt. Die Urkraft der Nieren erkennen wir im Wasser, in den Meeren, den Seen und den Flüssen, die Luft im Wind und im Sauerstoff und das Element Erde spiegelt sich auch hier im übertragenen Sinn in der Verdauung unseres Planten wider, wo durch Verrottungsprozesse aus Vergehendem wieder Neues entwächst.

Wenn wir uns jetzt aber die Frage stellen, woraus wiederum diese nährenden Qualitäten oder Elemente und ihre Wandlungsphasen entstanden sind, so finden wir in jeder Kultur eine Urquelle, die das Göttliche widerspiegelt und wiederum die Basis für alle Religionen und Glaubensrichtungen bildet. Gleichsam einer Pflanze, die Kraft und Substanz aus der Sonne, dem Licht bezieht, so labt sich der Mensch, wie die Erde, an einer universalen Energie, die unerschöpflich fließt und nie versiegt. Und so können wir auch dieses Göttliche als Gestalt über uns im Kosmos finden, wie dies im Christentum geschieht. Wir können es aber auch nach indianischer Ansicht in der gesamten Natur erkennen, in jedem Tier, jeder Pflanze und natürlich auch in uns selbst, was wiederum die Grundlage des Buddhismus oder des Pantheismus ist, dem auch Goethe anhing, der wahre Hymnen an die Kräfte der Natur geschrieben hat.

Diese Kraft durchdringt den gesamten Raum, belebt und verbindet alles miteinander und wirkt formbildend auf die Materie. In der Wissenschaft, im Besonderen in der Quantenphysik, wird diese Form bereits erforscht und mit zunehmender Verfeinerung unserer Messinstrumente erkannt. Sie wird als Bioplasma bezeichnet und könnte in einer fortgeschrittenen Forschung, wenn all unsere herkömmlichen Ressourcen verbraucht sind, als zukünftige Energiequelle dienen. So würden wir uns nun mit einem Augenzwinkern in Zukunft direkt am Göttlichen nähren können.

Dieses Bioplasma wird in unseren Energiefeldern, der sogenannten Aura, gespeichert. Es wird über die Energiezentren oder Chakren aufgenommen, absorbiert und in Form von Mikroströmen ausgestrahlt. Diese Emissionen spielen bei der Telepathie oder anderen Fernwirkungen zwischen Organismen eine einzigartige

Rolle. Menschen mit medialen Fähigkeiten sehen diese Energiefelder in verschiedenen Farben und Schwingungen.

Bereits vor einiger Zeit gelang es nun auch der modernen Wissenschaft, diese Energiefelder durch eine Technik - die sogenannte Kirlian-Fotografie - sichtbar zu machen. Der Aufbau dieser Farbstrukturen und die Anordnung der Energiezentren erwiesen sich dabei als völlig identisch mit den Darstellungen in alten Schriften von Gelehrten verschiedenster Kulturen.

Wie aber wird die beschriebene Energie aufgenommen, umgesetzt und verteilt? Mit diesen Fragen wollen wir uns in diesem und dem nächsten Kapitel befassen. Mit der Aufnahme und Abgabe, mit der Verteilung und Umsetzung.

So wie es in jedem Holon einen Yin- und einen Yangfokus gibt, wo sich ruhende und dynamische Kräfte ausdrücken können, so gibt es in der Landschaft sogenannte Einatmungs- und Ausatmungspunkte oder auch Quellpunkte. Hier strömt die Vitalkraft aus der Erde und ergießt sich, einem Springbrunnen gleich, über die Landschaft. Vielleicht haben viele von uns schon eine Tafel gesehen, auf der die Akupunkturpunkte des Menschen abgebildet und beschrieben worden sind. Ähnlich kann man sich dies auch in der Landschaft vorstellen.

Der Mensch nimmt diese Lebenskraft mit seinem Atemsystem auf. Mit jedem Einatmen nehmen wir auf, und mit jedem Ausatmen geben wir ab. In jedem noch so kleinen, aber auch in jedem überregionalen Holon können wir ein ähnliches System erfahren. So können auch Berge solch einen Fokus bilden. Oft gleichen sie in ihrer Form Vulkanen und zeigen so auch zugleich deutlich ihre Funktion für ein großes Landschaftsholon. Hier fließt die Lebenskraft aus der Erde und wird weit in den Raum ausgeatmet, während zum Beispiel ein anderer Berg den Äther des Kosmos aufnimmt und ihn in die Erde leitet. Selten kommt es auch vor, dass Ein- und Ausatmung den gleichen Ort bzw. den gleichen Fokus bilden und damit einem menschenähnlichen Atmungssystem gleichen. Die Lebenskraft wird von Bergen eingeatmet und wird wieder irgendwo abgegeben. Wie aber verteilt sie sich im Raum? Wenn wir den Ablauf wieder mit uns vergleichen, so wissen wir, dass wir die Atemluft in Form von Sauerstoff aufnehmen. Dieser wird im Körper in Energie umgewandelt und als Kohlenstoff wieder abgegeben. Die Atemenergie, in Verbindung mit der Energie, die wir aus der Ernährung beziehen, wird sowohl vom Blut als auch von den Akupunkturmeridianen auf den ganzen Körper verteilt. Die Meridiane bilden, wie bereits beschrieben, die Grundlage der Akupunktur. Sie verbinden unsere Organe, energetisieren das Nervensystem und manifestieren sich in den härtesten Strukturen unseres Körpers, den Knochen und Zähnen.

Ähnlich könnte man diese Anschauung nun auf die Landschaft übertragen. In der Geomantie werden diese Landschaftsmeridiane als Ley-Linien und Drachenlinien beschrieben. Diese überziehen als unsichtbare, pulsierende Ströme die gesamte Erde und bilden so ein Kraftgewebe, über welches biodynamische Energie in der Landschaft genutzt wird. Diese Kraftbringer können am besten mit einem sensibilisierten Körper wahrgenommen werden. Heute gibt es aber bereits verschiedenste technische Methoden, die es auch Ungeübten ermöglichen, diese Linien aufzuspüren. Die Ley-Linien haben jedoch wenig mit den aus der Radioästhesie bekannten Erd- oder Wasseradern zu tun, die eher als Ausdruck der Elemente beschrieben werden können.

Bereits vor vielen hundert Jahren sind diese Linien von spürigen Menschen gefunden worden und besonders in der Architektur, aber auch in der Landwirtschaft genutzt worden. Viele Kirchen und Klöster sind damals entlang solcher Linien gebaut worden, um die Menschen so in eine besondere Kraft zu ziehen oder auch, um sie in ihrem Glauben zu bestärken. Bereits die Kelten und insbesondere ihre Druiden erkannten diese Phänomene und haben durch gezielte Steinsetzungen diese Energie von den Berggipfeln sozusagen eingefangen und sie durch wiederum andere Steinsetzungen in ihre Lebensräume umgeleitet, um das eigene Volk oder ihren Stamm zu stärken. So hat es in der Geschichte aber auch immer wieder Fälle gegeben, wo diese Linien erkannt und ihre Energie quasi missbraucht worden ist. Die Nationalsozialisten beispielsweise arbeiteten mit den energetischen Landschaftsprinzipien. Es gibt heute genaue Studien darüber, wie Wissenschaftler Energie aus der Landschaft angezogen haben und durch spezielle Methoden damit Waffenfabriken oder Offiziersschulen gespeist haben. Durch solche jähen Umleitungen der erdgegebenen Kräfte, die durch Millionen von Jahren entstanden sind, entstehen immer große Ungleichgewichte im gesamten Ablauf und in der Harmonie der natürlichen Ordnung. Insbesondere dann wenn Egozentrik und Machtausübung im Vordergrund stehen, kann dabei eine Transformation entstehen und eine nährende Yin-Kraft kann sich so zu einer zerstörerischen Yang-Kraft wandeln. Auf gleicher Ebene - zwar nicht in diesem Ausmaß - kann auch die Arbeit von oft selbst ernannten Erdheilern wirken, die durch verschiedenste und häufig auch sehr unsensible Methoden versuchen, diese Energieleitbahnen umzuleiten, weil diese vielleicht zu intensiv für einen Wohnbereich wirken. Leider wird dabei oft vergessen, dass diese Bahn dann nachhaltig geschädigt werden kann, es ist vergleichbar mit einem Damm, den man nicht reguliert. Die Energie ergießt sich dann frei in die

Bild 8: Der Glauberg im Harzgebirge ist ein Schnittpunkt von Ley-Linien. Diese Kraft wurde wohl schon von den Kelten erkannt, da hier eines der größten Siedlungsgebiete der Kelten lag und das Hügelgrab des Keltenfürsten genau darauf erbaut worden ist.

Landschaft und versiegt irgendwo, wodurch der harmonische Energiefluss des Ortes massiv beeinträchtigt worden ist.

Meiner Meinung nach werden durch jeden Umleitungsprozess Landschaftsholone in ein starkes Ungleichgewicht gebracht, und der Mensch kümmert sich wieder nur um sein Ego. Ich glaube aber auch, dass solche menschlichen Spiele in Zukunft immer schwerer möglich werden, da die Erde als Gesamteinheit ihre Energien nun stärker bündelt, um daraus wieder eine Urlandschaft zu entwickeln, in der das genährt wird, was genährt werden soll. Wir Menschen sind eingeladen, dies zu erkennen und mit der Erde diese Rückentwicklung zu einem harmonischen Landschaftssystem zu fördern. Und wie wir beobachten können, geschieht dies von Tag zu Tag mehr und mehr und wird uns möglicherweise die machtverkrampfte Egozentrik einmal vergessen lassen.

Drachenlinien sind den Ley-Linien sehr nahe. Sie unterscheiden sich von diesen dadurch, dass Drachenlinien dynamische und feurige Lebensenergie besonders entlang von Bergrücken leiten, die dann über den Hang ins Tal fließt und sich dort über die Landschaft ergießt. Wenn wir den Berg als liegenden Drachen sehen, verläuft die Drachenlinie entsprechend der menschlichen Wirbelsäule entlang des Berggrats. Die Impulse werden dann, wie über die Spinalnerven zwischen den Wirbeln, auf den Körper bzw. das Landschaftsholon verteilt.

So können wir diese Linien auch als Energiekanäle sehen, die die Kraft über das ganze Land verteilen, die dann an besonderen Punkten ins Außen tritt. Diese Punkte werden auch als Landschaftsakupunkturpunkte beschrieben und von vielen Geomanten durch Steinsetzungen, die sogenannte Lithopunktur, aktiviert oder beruhigt, wenn der Energiefluss durch unsensible Aktivitäten unterbrochen worden ist. Die Lithopunktur wird auch als Erdheilung umschrieben. Wie bereits oben erwähnt ist diese Form meiner Meinung nach jedoch nicht mehr zeitgemäß, da die Erde in dieser Zeit bereits selbst stark ihre Selbstheilungskräfte aktiviert hat und das menschliche Ego nicht mehr für Heilungszwecke benötigt. In diesen Zeiten findet also eine Umkehrreaktion statt. Der Mensch ist daher eingeladen, sich selbst an solchen *unbearbeiteten* oder geheilten Zonen bzw. Zentren selbst in einen Heilprozess zu begeben, der im nächsten Kapitel beschrieben wird.

Übung

Landschaftsenergien spüren

Um die Energie von Landschaftslinien bzw. Leys zu spüren, benötigt man schon eine Portion Erfahrung. Trotzdem kann man es so versuchen, einen Ort zu besuchen, an dem man eine Linie erwartet. Oft liegt ein Schnittpunkt solcher Energien auf alten Klöstern oder Kirchen oder erwartet uns auf geschichtlichen Steinsetzungen.

Wir suchen also einen solchen Ort auf und konzentrieren uns ganz darauf. Wir versuchen mit den Wahrnehmungsmethoden in Kommunikation zu kommen und gehen einfach um die Kirche oder den Stein herum. Haben wir eine stärkere Aktivität wahrgenommen, bleiben wir stehen und versuchen, dieser Aktivität bzw. dieser Linie zu folgen. Oft stehen dann in weiterer Folge alte Bäume oder Steine darauf oder andere Merkmale, die uns auch materiell bestätigen können, dass wir die Linie erkannt bzw. erspürt haben.

Kapitel 7

Die sieben Zentren der Kraft

Die Lebenskräfte oder Energien durchströmen alles und wirken schaffend auf Mensch und Raum, Pflanze und Tier. Um dieses Schaffen aber verständlicher zu machen, ist es meiner Auffassung nach nötig, etwas mehr zu den verschiedenen Spannungs- und Schwingungsmustern zu erfahren. Auch hier gilt ein ähnliches System, welches sowohl im Menschen als auch in der Landschaft erfahrbar ist.

Wer hat nicht schon die Begriffe *Chakra* und *Meridian* gehört? Sie sind feste Bestandteile der alternativen Medizin und der Naturheilkunde. Das Wort *Chakra*, übersetzt als *Rad* oder *Kreis,* beschreibt ein Energiezentrum des menschlichen Körpers. Die Chakrenlehre ist zugleich auch die Basis des Yoga oder des Qigongs. Aber auch bei den Ägyptern, Hopi, den Mayas oder Inkas gibt es zahlreiche Hinweise darüber. Auch zahlreiche Aufzeichnungen und Überlieferungen unserer Urvölker können die Existenz der Energiezentren bestätigen. Der Mensch besitzt eine Vielzahl dieser Energiezentren, wobei man die kleineren - wie bereits zuvor erwähnt - als Akupunkturpunkte umschreiben könnte und die größeren als Kraftquellen, in denen die Energie sich in verschiedenen Schwingungen, Qualitäten und Farben manifestiert. Sieben dieser größten Kraftpunkte oder Chakren werden als Hauptenergiequellen umschrieben und bilden den wesentlichen Bestandteil der verschiedenen Ebenen von Mensch und Landschaft. Einem Regenbogen gleich, so strahlen auch die Farben der einzelnen Chakren und reflektieren sich in der Aura des Menschen. Nach dem Prinzip innen wie außen spiegeln sich die Chakrenfarben des Menschen auch in der Natur wider. Schon Goethe erkannte dieses Farbenspektrum und hat wohl als einer der Ersten in Zeiten der deutschen Aufklärung eine genaue Farb-Typenlehre begründet, die noch heute große Verwendung findet, möchte man die Wirkung der Farben erklären.

Das erste Chakra ist das Wurzel- oder Basiszentrum. Beim Menschen ist der Sitz dieses Chakras am Steißbein und im unteren Beckenboden. Das Wurzelchakra hat die Aufgabe, den Menschen – wie der Name schon sagt – mit der Erde zu verwurzeln. Ein ausgeglichenes Wurzelzentrum lässt uns *mit beiden Beinen auf dem Boden und im Leben stehen*. Wir fühlen eine gute Erdverbundenheit und Stabilität, Urvertrauen und Lebenswillen.

Physisch regiert dieses Zentrum den Dickdarm, die Ausscheidung, die Knochen, die Zähne und die Ischiasnerven am Kreuzbein.

In der Natur sind Wurzelzentren Orte, an denen wir uns eben auch stabilisiert und gut mit der Erde verbunden fühlen. Wenn wir auf einem Platz mit dieser Qualität die Augen schließen, fühlen wir, wie stark und gut wir getragen werden. Wir fühlen Stabilität, Schwerkraft und Sicherheit, ohne dabei das Gefühl zu haben, dass uns der Platz nach unten zieht.

Natürlich steht das zuvor beschriebene Element Erde am meisten in Verbindung mit diesem Energiezentrum. Die Elemente sind jedoch, wie beschrieben, als Grundbausteine zu verstehen, während die Chakren als unterschiedliche Energiequalitäten im Menschen wie auch in der Natur zu finden sind.

In einem übergeordneten Landschaftsholon können auch Berge starke Wurzelzentren bilden. Meist sind sie in ihrer Meereshöhe eher gering und der Gipfelbereich ist eher flach und oft dicht bewaldet. Diese Erhebungen haben auch die Qualität, Menschen anzuziehen, um dort altgelebte Traditionen und Bräuche zu feiern und um unbewusst sozusagen unsere Wurzeln zu nähren.

In meiner Praxis habe ich beobachtet, dass sich gerade in dieser Zeit bei sehr vielen Menschen das Wurzelzentrum in einem starken Ungleichgewicht befindet. Beruflich oft überfordert und finanziell verschuldet, laufen viele einem verfälschten Weltbild hinterher und verlieren so immer mehr den Kontakt zur Erde, bis sie - getränkt von falschen Idealen - in eine völlige Energielosigkeit hineinrutschen oder in Depressionen verfallen - Burnout-Erkrankungen sind die Folge. Hier können dann oft Orte mit der beschriebenen Wurzelkraft, die uns wieder mehr in Berührung mit dem Boden bringen, Ausgleich bringen. Auch Sport und moderate Bewegung in einer unberührten Landschaft sowie der bewusste körperliche Kontakt mit der Erde, wie Barfußgehen, Kochen, Feld- oder Gartenarbeit, können immens dazu beitragen, wieder Lebensenergie und neue Willensstärke zu erlangen.

Das zweite Chakra, das Sakralzentrum, hat seinen Sitz im Unterbauch, auf der Wirbelsäule genau zwischen dem 2. und 3. Lendenwirbel. Im Menschen steht es für Sexualität und Fortpflanzung, aber auch für schöpferische Prozesse und die Tiefe unserer Gefühle. Ist das Sakralzentrum ausgeglichen, fühlen wir uns voller Lebensfreude, sind kreativ, begeisterungsfähig und selbstbewusst. Durch kreative Arbeit - Schaffen, das aus uns selbst kommt - regen wir auch unser Schöpferpotenzial an und sorgen so zudem für eine Fortpflanzung auf einer anderen Ebene. Wir gebären sozusagen einen neuen Keim, der durch die Aufmerksamkeit durch andere Menschen an Größe und Stärke gewinnt.

Körperlich zeigt sich die Energie des Sakralzentrums in den Geschlechts- und Unterleibsorganen, in den Nieren, in der Harnblase und im Beckenraum.

Wenn das Wurzelzentrum, wie zuvor beschrieben, am ehesten mit dem Element Erde in Verbindung gebracht werden kann, so ist es beim Sakralzentrum das Element des Wassers. Sakralzentren in der Natur sind also oft von diesem Element geprägt. Man fühlt dort die Schöpferkraft der Natur und die Gebärfreudigkeit der Erde. Tiefe Gefühle, Vertrauen und eine innere Ruhe können in uns erfühlt werden, wenn wir uns mit einem Ort dieser Qualität in Resonanz bringen.

Durch bewussten Kontakt zu Seen oder Meeren kann dieses Chakra in uns zum Schwingen und zum Ausgleich gebracht werden. Neben Schwimmen und Bädern können auch kreatives Arbeiten und bildende Künste diese Qualität in uns nähren.

Berge, auf deren Gipfel man sich fühlt, so als würde man in der Mitte eines Sees stehen, während man Tiefe und Ruhe verspürt, können durchaus Landschaftszentren dieser gefühlsbetonten Qualität sein.

Das dritte Zentrum ist das Nabelzentrum, das auch oft als Solarplexus in verschiedensten Büchern Bezeichnung findet. Das Gebiet dieses Zentrums umfasst den Oberbauch und den unteren Teil der Brustwirbelsäule. Energetisch bezeichnet es unsere innere Sonne, die Persönlichkeit und zugleich die Entwicklung unseres Ichs. Durchsetzungskraft, Selbstkontrolle und Macht im positiven Sinne sind Qualitäten dieses Chakras. Die Organe sind der Magen, die Leber und die Gallenblase, und als größtes Nervengeflecht im Körper steuert es auch das vegetative Nervensystem.

Ist es frei von Blockaden, verfügen wir über eine frei fließende Lebensenergie, wodurch wir das Gefühl haben, dass wir voller Energie und Tatkraft sind. Wir verfügen über eine starke Persönlichkeit und über Macht, die mit Sensibilität und Mitgefühl in die Außenwelt fließen kann. Wir fällen Entscheidungen aus dem Bauch heraus, verfügen über ein gutes Nervenkostüm und schreiten ohne Umwege auf unserem Lebensweg weiter und weiter.

Die Qualität beginnt sich zu wenden, wenn dieses Zentrum nicht in seiner Kraft steht. Dann sind der ganze Lebensfluss und die Energie gehemmt.

In der Natur sind Solarplexus-Zentren Orte oder Landschaften, die eine hohe Lebenskraft und ausstrahlende Sonnenenergie vermitteln. Sich ihnen zu öffnen bzw. anzunähern, erzeugt das Gefühl, völlig *in seiner Mitte zu sein*. Klassisch werden diese oft als Kraftorte bezeichnet. Leider wird aber auch durch dieses Wort impliziert, dass der Mensch sich dort die Kraft holt und, wie es derzeit in unserer Kultur zu spüren ist, nichts von sich, weder Anteilnahme noch Respekt, hinterlassen möchte. Als Beispiel sei hier unser Gesundheitssystem genannt. Wenn eine Krankheit durch eine falsche Lebensweise, sei es im psychischen wie auch im körperlichen Bereich, entstanden ist, sind die wenigsten bereit, etwas an ihrem Lebenswandel zu verändern. Man geht zum Arzt oder Therapeuten, lässt sich dort ein Medikament geben oder lässt sich, im schlimmeren Fall, das Problem *herausschneiden*. Man geht nach Hause und lebt wieder wie gewohnt sein altes Leben weiter. Orte, die eine heilsame Kraft ausströmen bzw. heilsame Energien abgeben, wirken aber ähnlich wie die meisten alternativen Heilmethoden. Auf der körperlichen Ebene kommt es schnell zu einer Heilreaktion, die die Symptome oft recht schnell verschwinden lässt. Auf der psychischen Ebene werden dadurch aber die Symptome an die Oberfläche gebracht, so dass der Betroffene einsichtig werden kann, wodurch seine Krankheit entstanden ist. Man hat aber auch hier die Wahl, die emotionalen oder mentalen Muster zu unterdrücken, um nichts an seiner alten Welt verändern zu müssen. In weiterer Folge dauert es allerdings nicht lange, bis sich auch im Körper die Krankheitssymptome wieder bemerkbar machen. Demnach ist jeder von uns eingeladen, sich selbst zu erkennen, und hierfür kann die Kraft der Natur oft der beste Spiegel sein.

Wenn man die Chakrenenergie wieder mit den Elementen vergleicht, so spiegelt sich die Kraft des Solarplexus im fünften Element wider. In der TCM wird dieses Element als Element Holz bezeichnet und mit den Organen der Leber und der Gallenblase verbunden. Es ist das Element der Wandlung und der Transformation, mit deren Kraft wir unsere Lebensaufgaben meistern, nach und nach eine stärkere Persönlichkeit entwickeln und so unser Solarplexus-Zentrum immer mehr stabilisieren.

So finden wir auch in der Landschaft starke Berge, die diese Sonnenkraft verkörpern. Sie erscheinen uns licht und hell, wirken oft, als ob sie unter Strom stünden, so als würde aus jedem Stein Licht sprudeln. Berge, die in dieser Energie stehen, strahlen oft eine starke Persönlichkeit aus, die mit der Umgebung und den Menschen in Verbindung steht.

Die Achsenmitte der sieben Zentren bildet das Herzchakra. Es hat seinen Sitz in der Mitte des Brustkorbs in der Höhe unseres physischen Herzens. Es ist das Prinzip der allumfassenden Liebe und des Mitgefühls und zugleich die Überwindung von eigennützigem Denken und Handeln. Es steht für Toleranz gegenüber Andersdenkenden und fremden Kulturen, wie sie zuvor schon im Kapitel über das Element Feuer beschrieben worden ist. Körperlich regiert dieses Zentrum das physische Herz, die Lungen, die Haut, das Blut bzw. den Blutdruck und die Thymusdrüse.

Orte der Herzenskraft sind Plätze oder Landschaften, die eben gerade diese Lieblichkeit und Sanftheit ausstrahlen. Berge, die hügelig und fast gütig wirken und uns einladen, auf ihnen Geborgenheit, Offenheit und Menschlichkeit zu erfahren. Alles fühlt sich zart, weich, aber auch oft zerbrechlich an. Es sind Orte, die sich in Balance zwischen Kosmos und Erde befinden und gerade dadurch einladen, die Spiritualität und den göttlichen Funken in der Natur und in uns selbst zu entdecken.

Wie oben kurz erwähnt wäre die elementare Qualität dieses Zentrums das Feuer und somit die Wärme, die alles miteinander verbindet. Es ist auch zugleich die Kraft, die sich in den nächsten Jahren immer stärker in uns manifestieren wird, was uns auch die Erde in ihrem Wandel zeigt. Wir sind aufgefordert, die Wunden nicht mehr im Außen zu suchen und die Schuld abzuladen auf Wirtschaftskrisen, Kriege oder politische Systeme. Wir haben in unsere Selbstverantwortung zu gehen und uns selbst ganz tief in die Augen zu blicken, ohne Angst und Verzweiflung, dann können wir alte Muster in uns transformieren und uns weiterentwickeln, bis unser Herz sich ganz von alleine öffnet.

Das fünfte Zentrum ist das Kehlkopfchakra, dessen Sitz sich auch auf der Höhe des Kehlkopfes befindet. Es umfasst unsere Fähigkeit, mit anderen in Kommunikation zu treten und uns unserer ausgesprochenen Worte bewusst zu sein. Es ist also der geistige oder mentale Ausdruck, die Fähigkeit, uns mit Sprache, Klang und Musikalität mitzuteilen. Körperlich steuert dieses Zentrum die Schilddrüse, die Atemfunktion, die Stimme, aber auch den Nacken und die Halswirbelsäule.

In der Landschaft sind Kehlkopfzentren Kommunikationspunkte, die durch Ausdruck Verbindung vermitteln. Man spürt hier oft eine Resonanz im Kehlkopfbereich und glaubt, im Wind leise Musik oder Klänge zu hören. Es ist wie ein feiner Austausch, so fein, als würde man erkennen, wie Pflanzen sich am Licht nähren. Aus diesem Grund bringe ich auch die Qualität dieses Chakras mit dem Element Luft in Verbindung. Die Kommunikation schwebt förmlich im Raum. Lärchenwälder können zum

Beispiel die feine Qualität dieses Zentrums vermitteln. Natürlich gibt es auch in der Bergwelt Gipfel, die diese Energie ausstrahlen. Der Blick geht weit, der Wind umfängt den schroffen Fels und trägt zur Kommunikation des Berges mit der Landschaft bei.

Als sechstes Zentrum liegt das Stirnchakra oder das Dritte Auge über der Nasenwurzel genau zwischen den Augenbrauen. Es stellt unsere Fähigkeit für feinere Wahrnehmungen dar, für die Entwicklung der Intuition oder der inneren Weisheit und Selbsterkenntnis. Physisch reguliert es unseren Tastsinn und die Hypophyse, die auch das gesamte Hormon- und Nervensystem steuert. Augen, Ohren und die Nebenhöhlen fallen ebenso in seinen Bereich.

Ist dieses Zentrum in seiner Kraft, so sind unsere Gedanken klar. Wir verfügen über eine gute Intuition, Phantasie und Vorstellungskraft. Unsere Erkenntnis kann sich über das alltägliche Bewusstsein hinaus weiterentwickeln.

Auch in der Natur können wir diese Orte finden, die genau jene Fähigkeiten in uns fördern. Wir erlangen dort eine tiefere Einsicht in unsere verborgenen Fähigkeiten, nehmen tiefere Schichten in uns wahr und spüren, dass unsere Phantasie beflügelt werden möchte. Berge oder Orte, die genau in jener Schwingung wirken, halten die Beziehung zu einem Urmuster der Landschaft und bewahren die Erinnerung. Sie wirken in ihrer Weisheit als Wissensspeicher und erinnern uns an unser Urwissen. Neben einer Resonanz im Dritten Auge fühlen wir uns tief mit unserem Sein in Verbindung und erkennen uns so wahrhaftiger.

Als Element gesehen strahlt diese Qualität eine Verbindung zwischen den vier Elementen der Erde und der Kraft des Kosmos aus. Man könnte sagen, dass sich die Elemente darin vermischen und nach oben drängen, um Unterschiede und Vorstellungen neu zu überdenken und zu interpretieren. Wenn wir auf einem

Gipfel stehen oder auch vom Fuße eines Berges, der uns einlädt, diese Qualität in uns zu verfeinern, mit ihm Kontakt aufnehmen, fühlen wir uns emporgehoben zu Gefühlen, die uns weiter sehen und uns die klare Verbindung zum Kosmos über uns wahrnehmen lassen. Es ist wie ein Licht, welches die Elemente in eine andere Dimension rückt.

Das siebte und hier als letztes beschriebene Chakra ist das Kronenzentrum. Es befindet sich in der Mitte der Kopfoberseite, direkt am Scheitel, weshalb es auch oft als Scheitelzentrum bezeichnet wird. Körperlich reguliert es die Zirbeldrüse oder Epiphyse, die keinen einzelnen Organen zugeordnet ist. Die Hormone der Zirbeldrüse haben aber eine schützende und regulierende Wirkung auf den ganzen Körper. Energetisch besitzt dieses Zentrum die Kraft, uns mit dem Kosmos und den geistigen Ebenen zu verbinden. Es ermöglicht es uns, im Laufe unserer Entwicklung immer tiefer in die Reinheit unseres Seins einzutauchen und uns weiter und weiter in die Vollendung zu bewegen. Das Kronenzentrum kann sich meiner Meinung nach nur vollständig öffnen, wenn auch alle anderen Zentren miteinander harmonieren. Viele Esoteriker drängen danach, speziell dieses Zentrum zu entwickeln. Ihre ganze Konzentration richtet sich darauf aus, diese Energie durch Meditationen, Körperübungen oder Mantren freizusetzen. Wenn aber die Verbindung zum Wurzelchakra und zu unserer Erde nicht mehr gegeben ist bzw. durch die einseitige Arbeit verkümmert, verfallen diese Menschen oft in Wahnvorstellungen und starke Verstrickungen mit ihrem Ego. Sie heben sprichwörtlich ab, vergeistigen sich und glauben, spirituell weit entwickelt oder hellsichtig zu sein. Es entwickelt sich ein Größenwahn, in dem der Mensch dann davon überzeugt ist, über allen anderen zu stehen und alles und jeden heilen zu können. Oft zeigt sich diese Überentwicklung auch darin, stark monetär ausgerichtet zu sein.

Menschen mit einem schwachen Wesen fühlen sich von solch einer Übermacht angezogen, und dies kann in weiterer Folge zur Entstehung von Sekten führen.

Menschen aber, die ihre Krone in Harmonie mit ihrer Wurzel entwickelt haben, überzeugen durch einen tiefen inneren Frieden und Bescheidenheit. Sie verwirklichen sich selbst nach und nach und trachten nicht danach, ihr Ego und ihre Spiritualität nach außen zu kehren. Ein treffendes Sprichwort aus dem Zen-Buddhismus lautet: "*Vor der Erleuchtung trug ich Wasser und schlug Holz, und nach der Erleuchtung trug ich Wasser und schlug Holz.*" Dies veranschaulicht wohl am deutlichsten, welche Stille und Bescheidenheit hier nach außen fließt.

Um diesen inneren Frieden in uns zu finden, kann die Natur uns große Dienste erweisen. Orte, die diese Kraft ausstrahlen, stehen oft in Verbindung mit dem geistig-seelischen Zentrum eines Ortes. Wenn wir mit einem solchen Ort oder einem Berg in Verbindung gehen, der diesen Frieden in die Landschaft strömen lässt, so fühlen wir die ruhevolle Verbindung von Himmel und Erde, vom Erdmittelpunkt zu den Sternen, und eine Kraft, die alles zusammenhält und die als göttlich beschrieben werden könnte.

In der Landschaft sind dies oft die höchsten Berge, die aber trotz ihrer Größe Frieden und Ruhe aussenden. Die Gestalt geht steil nach oben, wobei ihre Gipfel aber nicht unbedingt steil und schroff sein müssen. Oft sind es zwar hohe Berge, die aber trotzdem einen flachen Gipfelaufbau haben, vergleichbar mit dem Schädeldach eines Menschen.

Bild 9: Der Teide auf Teneriffa thront als mächtiges und zugleich in sich ruhendes Kronenzentrum über der Urkraft der vier Elemente. Er gilt als Erbe von Atlantis.

9

Übung

Energiezentren spüren

Wir suchen uns einen stillen Platz in der Natur, kommen zur Ruhe und beobachten unser Umfeld. Falls uns in der Ferne ein Berg oder ein Hügel auffällt oder in der Nähe ein Baum oder ein Felsen steht, nehmen wir Kontakt zu diesem auf. Nachdem wir fühlen, eine Verbindung hergestellt zu haben, konzentrieren wir uns wieder nach und nach auf unseren gesamten Körper und bleiben einfach, solange wir uns entspannt fühlen, dabei. Vielleicht fühlen wir dabei, dass sich ein Chakra besonders bemerkbar macht. Wenn wir uns stark geerdet fühlen, könnte dies ein Wurzelzentrum sein. Wenn wir uns gefühlsmäßig ruhig und vertrauensvoll finden, könnte dies ein Sakralzentrum sein. Wenn wir uns energetisiert und aktiviert fühlen, könnte dies vielleicht ein Solarplexus-Zentrum sein. Wenn sich unser Herz mit Wärme füllt und uns mit der Landschaft verbindet, könnte dies ein Herzzentrum sein. Wenn unsere Gedanken stärker werden und sich stark, ohne auszuschweifen sowie konzentriert auf den Ort fokussieren, könnten wir in Verbindung mit einem Kehlkopfchakra stehen. Spüren wir innere Bilder stärker werden, die uns mit unserer Spiritualität verbinden, könnten wir ein Stirnchakra spüren. Spüren wir eine Resonanz im Schädeldach und fühlen wir eine Verbindung zum Kosmos, könnte dies von der Energie eines Kronenzentrums ausgehen.

Wie gesagt, wir sollten immer versuchen, wertfrei dabei zu bleiben und nichts erzwingen zu wollen.

Kapitel 8

Die Wesen der Elemente

Nach der Beschreibung der fast körperlichen, energetischen Strukturen, der Ein- und Ausatmung und der sieben Kraftzentren kommen wir nun zu den feineren Wesensschichten der Landschaft und der Erde. So wie die Atmosphäre unseren Planeten umspannt und wissenschaftlich in Tropos-, Stratos-, Meso-, Thermos- und Exosphäre unterteilt wird, so umgibt auch den Menschen eine vergleichbare Atmosphäre, die sogenannte Aura. Die Aura strahlt in verschiedenen Schichten Licht und Farben in den Raum und wirkt gleichsam als Schutz sowie auch als Verbindung zur kosmischen Energie. Wie bereits zuvor beschrieben, gibt es auch hier moderne Fototechniken, die die unteren Schichten der Aura sichtbar und somit nachweisbar machen.

Die Aura bezeichnet die Gesamtheit unserer materiellen und feinstofflichen Körperebenen, vergleichbar mit den Schichten einer Zwiebel. Sie durchdringen einander und gehen ineinander über, wechseln ihre Farben und pulsieren weit in den Raum und in den physischen Körper hinein.

Die erste Ebene ist bekanntlich der physische Körper, das Feste und Materielle, und die Energie zirkuliert darin über die Energieleitbahnen, die sogenannten Akupunktur-Meridiane, die bereits in den Kapiteln zuvor beschrieben worden sind. Die zweite ist die Emotionalebene. Gefühle und Emotionen finden hier ihren Raum. Die dritte Ebene wird als Mentalebene umschrieben. Hier schwingen unser allgemeines Gedankenmuster und unsere Erinnerungen. In der vierten Ebene, der spirituellen Ebene, manifestieren sich unser Überbewusstsein und unsere Seelenqualität. Die im letzten Kapitel beschriebenen Energiezentren, die Chakren, verlaufen durch alle Ebenen hindurch und sind als Kanäle zu betrachten, welche die Auraschichten miteinander verbinden. Das Wurzelchakra ist stark materiell und steht direkt mit dem physischen Körper in Verbindung, während das zweite, das dritte und das vierte Chakra sich in der Emotionalebene spiegeln. Das fünfte Chakra ist der Mentalebene zugeordnet, während das siebte Chakra die vierte Ebene, unser Überbewusstsein, darstellt. Das sechste Zentrum ist, wie zuvor beschrieben, als Übergang zwischen der dritten und vierten Ebene zu sehen. Wenn wir nun ein Bild entstehen lassen, welches die Elemente, die Kraftzentren und nun die Auraschichten darstellt, kommen wir eben zu den Schichten, die den Menschen mit seinem Umfeld in Verbindung bringen bzw. die es uns ermöglichen, uns überhaupt mit unserem gesamten Umfeld auszutauschen.

Betrachten wir nun aber die zweite Wesensschicht der Erde – das Emotionalfeld. Ähnlich bunt wie der Facettenreichtum unserer Emotionen, das Auf und Ab, die Sorgen und Ängste, Freuden und Leiden, Trauer und Wut, präsentieren sich die Emotionen einzelner Orte, die miteinander verwoben das Emotionalkleid der Erde bilden. Diese Ebene fand in der gesamten Mythologie unserer Geschichte ihren Platz und ist in Sagen, Märchen und Epen tausendfach beschrieben worden – im Leben der *Elementarwesen*. Sie treten als Zwerge, Trolle, Elfen, Feen oder Nixen in Erscheinung und beschreiben die eine Wesensschicht der Erde, das dem Tier und Menschen Ähnliche. Sie sind die lebendigen Träger der Elemente und arbeiten und formen unaufhörlich als Mittler zwischen den Welten. Ihre Aufgaben sind so unterschiedlich, wie diese nur sein können. Sie formen und spinnen, bauen und verankern, lassen vergehen und wandeln, schaffen aus Energie Materie, sind Hüter und Herrscher, Weise und Alte, Engel und Götter. Jedes Wesen, ob Gnom oder Landschaftsgöttin, geht in seiner Spezies und der damit verbundenen Tätigkeit bis zur Vollendung auf. Sie manifestieren und fokussieren direkt über die Herzensebene und sind eingebunden in einen gesamtheitlichen Prozess, der sie gleichsam nährt und untereinander verbindet. Im Unterschied zum Menschen besitzen sie kein Ego und deshalb auch kein Streben nach Macht oder Erfolg. Verwurzelt im Jetzt, gibt es keine Frage nach dem Morgen oder eine Bewertung der Vergangenheit. In der Spiritualität würde man diese Stufe als Erleuchtung beschreiben. Für die Elementarwesen ist es die Stufe des Seins, der einzigen Wahrnehmung, der Wahrnehmung des Jetzt.

Sie sind, wie sie sind, sind Bauer und König, Engel und Pan, Zwerg und Riese. Wobei aber keine Hierarchie möglich ist, sondern eine wie zuvor beschriebene Holarchie. Jeder hat seine individuelle Aufgabe innerhalb seines Holons, in seinem Sein, ohne die niederen Triebe des Egos, wie Gewalt, Eifersucht oder Gier. Sie sind vergleichbar mit einem Menschen, der die Bewusstseinsstufe eines Erleuchteten erreicht hat und der jeden Menschen als gleichwertig erkennt, völlig egal ob Bauarbeiter oder Chefarzt.

Ob die Elementarwesen nun so aussehen, wie viele Zeichnungen und Bilder es uns veranschaulichen wollen, sei dahingestellt. Aber versuchen wir einmal, uns an unsere Kindheit zu erinnern, an die ersten Jahre unseres Erdenlebens, wo wir uns während des Vorlesens von Märchen oder Sagen vorgestellt haben, wie Zwerge, Feen und Trolle leben oder wie Elfen, Riesen und Wassermänner aussehen. Und vielleicht konnten wir sie in diesen wunderbaren Jahren sogar sehen und mit ihnen kommunizieren. In einer Sprache, die rein über die Herzebene kommuniziert. Höchstwahrscheinlich sind wir nur zu sehr erwachsen geworden, um an die Existenz der Naturwesen zu glauben, oder wir mussten das Leben dieser Wesen vergessen, um in der derzeitigen Welt des Erklär- und Sehbaren überleben zu können. Aber vielleicht können wir nach dem Vergessen erneut erwachen und wieder von ihnen lernen, können die Wesen der Elemente neu erfahren und wieder mit ihnen in Verbindung gehen - eine wunderbare Vorstellung, wenn Menschen in Zukunft wieder Hand in Hand mit den Elementarwesen existieren und in einem harmonischen Landschaftsholon leben. Es wird ein Leben in Respekt, Achtung und Freude zwischen den Menschen, den Tieren, den Pflanzen und Steinen und all ihren groben und feinen Wesensschichten.

Einzig in Island, so scheint es, hat man die Vergangenheit bewahrt. Dort gibt es tatsächlich ein eigenes Ministerium für Elementarwesen, welches zum Beispiel bei großen staatlichen Bauvorhaben aktiv wird. Ein spezieller Beauftragter inspiziert hier Pläne und Landschaft, tritt in Kontakt mit den Elementarwesen des Ortes und befragt unter anderem, wie die Straße verlaufen könnte, so dass kein Einfluss auf das Leben und Wirken der Elementarwesen und ihres Bereiches genommen wird. Für die Mehrheit der Menschen hier ist das derzeit wohl unglaublich und unverständlich, doch in Island und auch in anderen Länder ist der Glaube an Elementarwesen immer noch in der Gesellschaft verankert, weil es dort vielleicht in dieser Hinsicht keine andere Zeit oder keine so derart entgegengesetzte Entwicklung gegeben hat wie in der *"zivilisierten"* Welt.

Ja, unter diesen Aspekten hat es den Anschein, dass es sie wirklich gibt und dass sie allumfassend wirkt, die Welt der Elementarwesen. Wie in einem Dornröschenschlaf wartet sie darauf, wieder in Kommunikation mit dem Menschen zu treten, um Landschaften und Orte in dieser gegenseitigen Kommunikation wieder dichter zu verflechten und dadurch die alten verkrusteten

Energien zu lösen, die entstanden sind durch ein Streben nach Macht und eine Verfettung des Egos. Nach und nach könnte so wieder ein offenes und nährendes Kommunikationsfeld zwischen Bäumen, Pflanzen, Orten, Flüssen, Bergen und Menschen entstehen. Denn ohne unsere Bereitschaft und Offenheit kann sich hier keine Basis entwickeln. Es bedarf einer Resonanz zwischen den Welten, der Bereitschaft, ein Gespräch über die Herzensebene zu führen und so zu einer neuen Dimension von Reichtum und Gesundheit zu kommen, die daraus resultiert, die Entwicklung einer Gesamtheit zu fördern, nicht die des eigenen und auf sich zentrierten Egos.

Bleiben wir aber noch bei den verschiedenen Wesenheiten und lassen einfach die Bilder aus unserer Kindheit, aus einem Feld im tiefen Unbewussten, wirken, wie dieses in allen Kulturen und Mythologien beschrieben worden ist. Erneut sehen wir also in dieser Ebene das Emotionalfeld der Erde. Ähnlich zu unserer oft sehr spontanen Gefühlsregung fügt sich dieses Feld auch in Berge oder Orte ein, spannt sich um Bäume, Felsen und Gipfel. Es ist das erste Feld, welches über dem Materiellen steht und sich mit den anderen Schichten der Landschaft verbindet. Die Elementarwesen tragen sozusagen die Emotionen des Ortes ins Außen. Aber anders als beim Menschen ist es hier eine stille und unverrückbare Emotion, ein dauerhaftes Gefühl, welches sich in der Landschaft und im Ausdruck des jeweiligen Elementes manifestiert. Anders als beim Menschen, der spontan Wut, Angst oder Trauer empfinden kann, Liebe und gleichzeitig Eifersucht, ist es hier etwas Positives, Dauerhaftes, sozusagen ein emotionaler Zustand in Ruhe, wo keine Angst, sondern Vertrauen herrscht, wo keine spontane Freude, sondern ein dauerhafter Glückszustand wahrnehmbar ist, wo keine Sorge, sondern Gelassenheit erkennbar ist, oder wo keine Trauer festgehalten wird.

Kein Erdbeben, kein Sturm oder kein Hochwasser kann diese Empfindung verändern, weil sich jede Bewegung der Erde auch in der jeweiligen Energie der Elementarwesen ausdrückt. Geht aber ein Mensch in diese Wesensschicht und zerstört und vernichtet aus egozentrischen Gründen, wird auch der Ort sich wandeln, wird traumatisiert werden. Die Schwingung des Ortes wird verändert und statt Vertrauen kann Unruhe entstehen. Viele von uns haben es schon selbst wahrgenommen, wenn man Orte betritt, die in uns ein tiefes Unbehagen erzeugen, obwohl in der Landschaft nichts Bedrohliches erkennbar ist. Bei näherer Recherche erfahren wir dann vielleicht, dass gerade hier vor vielen Jahrzehnten oder auch Jahrhunderten Kriegshandlungen geschehen sind, dass hier Menschen in größter Angst ums Leben kamen und mit ihren fatalen Emotionen starke, bleibende Löcher in die Gefühlsebene dieses Ortes gerissen haben. Sie haben die Elementarwesen sozusagen in einen dauerhaften negativen Zustand umgepolt. Ich habe mich Jahre mit diesem "Unzustand" der Erde beschäftigt, als ich die Geschichte des Gebirgskrieges und die Auswirkungen auf die beteiligten Berge erkundet habe, als ich den Berg nicht im Gefühl der Ruhe, der Gelassenheit und im inneren Frieden erkannte, sondern in eben diesem Unzustand. Kämpfe um Grenzen und tiefstes menschliches Leid haben diese Orte in ein Ungleichgewicht geführt, wodurch die Schicht der Elementarwesen bis in die Gegenwart hinein in arge Mitleidenschaft gezogen worden ist. Ich komme aber noch in einem nächsten Kapitel darauf zu sprechen, wie Kriegshandlungen, Ängste, Gewalt und Schmerzen auf Berge und Orte wirken bzw. in der Geschichte gewirkt haben.

In diesem Kapitel beleuchten wir aber die verschiedenen Aufgabenbereiche der Wesen der Luft, des Feuers, der Erde und des Wasser. Es soll jedoch nur ein kurzer Überblick werden, ein kleiner Auszug, denn zu groß sind die Aufgabenbereiche, zu verschiedenartig ihre Formen, so dass schon ganze Werke darüber geschrieben worden sind. Und es geht sogar so weit, dass jedes Wesen einzigartig ist, individuell in seinem Holon lebt und wirkt, vergleichbar mit der Einzigartigkeit jedes Menschen. Ich will aber nicht näher darauf eingehen, denn ich glaube, dass zu viel Struktur oder Intellekt hier nachteilig wirken kann, denn alles, was zu sehr verstanden werden will, verengt sich und entzieht sich dadurch umso mehr dem *Verständnis unseres Herzens*. So sehr sich die Philosophie oder die Geisteswissenschaft auch darum bemüht – man kann Gefühle nicht mit dem Kopf verstehen!

Tauchen wir also ein in die Welt der Elementarwesen und beginnen beim *Pan*. Einem gewaltigen Speicherort des jeweiligen Holons gleicht der *Pan*, der sich meist in alten Bäumen, mit stark um sich greifenden Ästen fokussiert hat. In der griechischen Mythologie wurde er als Naturgott verehrt und trat stets mit Hörnern und Hufen in Erscheinung. Bei den Kelten trug er den Namen Cernunnos, der Gehörnte. Pan-Orte galten bei den Druiden als heilige Stätten, aus denen die weisen Männer und danach die weisen Frauen ihr Heilwissen und ihre Lehren erhielten. Danach kam es zum jähen Bruch. Die katholische Kirche stigmatisierte den *Pan* als Abbild des Teufels und machte jenen Weisen, die noch mit der alten Lehre in Verbindung standen und mit den Kräften der Natur arbeiteten, den Prozess, verbrannte sie auf dem Scheiterhaufen oder folterte sie zu Tode. Anstelle des Bildes, das Gott als in der Natur wohnhaft zeigt, schufen sie einen Gott, der irgendwo im Nirgendwo lebt und für seine Dienste bezahlt werden muss. Doch überdauerte die Macht des *Pans* sämtliche Zeit. Es gelang nicht, ihn gänzlich zu verdammen, und er schlüpfte innerhalb des Volkes in die Rolle des Weißen Hirschen, der noch heute den Jägern als Schutzpatron dient und guten Hirten erscheint.

Der Pan ist eine Naturintelligenz, der Verflechter der Pflanzen und Tiere. Er ist Träger der Botschaft, Mittler zwischen den Welten und er ist das Feuer der Erde.

Oft wird er von *Zwergen* aufgesucht, die in Erdhöhlen, unter Wurzeln oder Baumöffnungen wohnen. In seiner Aura tauschen sie Informationen aus oder erhalten neue Aufgaben. Klein und äußerst geschäftig beleben sie die Erdkruste und wirken in der Holarchie zwei Ebenen unter dem Naturgott. Sie leiten Wachstums- und Abbauprozesse ein oder verbinden Orte mit Kraftlinien, auf denen sie zwischen den oberen und den unteren Erdebenen reisen können.

Manchmal kommen auch *Riesen* zum *Pan*, die meist in den fernen Bergen in Felsen und Klammen wohnen und die Schätze der Erde bewachen. In Sagen und Märchen sind sie uns erhalten geblieben, oft alt und weise, haben sie doch alle ein ihrer Größe entsprechend weites, sanftes und oft einfältig wirkendes Herz.

Um die Äste des *Pans* flattern und schwirren auch *Elfen*. Sie atmen die Botschaften des Naturgottes ein und tragen sie fort, um sie an anderen Bäumen und Pflanzen auszuatmen. Oder sie sammeln sie, wie in Waben, in ihren Luftschlössern, die meist in lichtdurchfluteten, farndurchwachsenen Waldöffnungen stehen. Am Hügel über ihnen steht eine *Fee*. Zerbrechlich, zart und von Schleiern umhüllt, dehnt sie sich aus in den Raum, erweitert, öffnet und schließt ihn, macht ihn durchlässig und atembar für Mensch, Tier und Pflanze. Im Holon des *Pans* dehnt sich die Fee aus bis zu einem Teich, der an der Oberfläche *Wassernymphen* spiegelt. Sie verleihen dem See Gleichgewicht und Individualität, Ausstrahlung und Bewegung. Am Grund des Sees hausen die

Bild 10: Der Watzmann und der Königssee gelten als Zentrum der Elementarwesen. Kaum woanders in den Alpen sind so viele Sagen und Geschichten geschrieben worden, was sich lebhaft in der Landschaft spiegelt.

10

Wassermänner mit algigen Bärten und grün verflochtenem Haar. Sie versinnbildlichen, im Gegensatz zu den weiblichen Wesen der *Nixen, Nymphen* und *Undinen,* die männliche Kraft, das Yang dieses Elements. Oft tauchen sie auf, holen aus und verankern die Kraft wieder am Grunde des Sees. Die ältesten unter ihnen sind der Neptun oder Poseidon des Wassers und der Meere, die Allmacht des Ozeans.

In weiter Ferne, an einem exponierten felsigen Hang haben sich an den spitzen Steinen *Feuerwesen* fokussiert. Sie sind die Urqualität des Planeten und waren schon da, als sich die Erde aus Feuer zusammenballte und nach und nach physisches Leben gebar. Als *Musen* und *Wesen des Lichts* inspirieren sie alles und schöpfen die Kraft der Entstehung.

Alle Naturwesen sind als Emotionalfeld der Erde und als Vertreter ihrer Elemente Erde, Luft, Wasser und Feuer zu verstehen. Sie wirken in ihrer Kraft und ihrer Ausrichtung, so dass diese wunderbare Ordnung entsteht, die wir Menschen als selbstverständlich begreifen. Sie alle bilden die Gefühlswelt von *Gaia*, der großen Mutter Erde, deren Herz inmitten des Planeten pocht. Daraus gebiert sie die größten Wesenheiten, die direkten Töchter der Erde, die *Landschaftsgöttinnen*. Sie organisieren einen weiten Landschaftsaspekt und sind über Berge und Seen, Dörfer und Länder fokussiert. Ihre Gestalt ist mehrere hundert und tausend Meter hoch. Sie sind die direkten Nachkommen der Erde und in der Holarchie die höchsten Regenten. Sie wurden von den Naturvölkern, wie den Kelten, Griechen oder Ägyptern, hoch verehrt.

Diese kleine, anschauliche Wesensbeschreibung über das Zusammenwirken der Elemente und ihrer Wesen soll dazu dienen, den Austausch und das Zusammenspiel der Kräfte zu verstehen, was wichtig ist, wollen wir im weiteren Verlauf das Wesen der Berge verstehen. Wir können abschließend noch sagen, dass Elementarwesen sich gerne an Orten fokussieren, an denen auch die Menschen in Harmonie miteinander leben. Wo Menschen mit Herz und unter Einbeziehung des Umfelds bauen, pflanzen und ernten, werden auch die Elementarwesen vielfältig und unzählig sein. Wo aber der Mensch unsensibel in die Landschaft eingreift, werden sie selten und seltener und können sogar ihre Ausrichtung ändern. In den ausgeräumten Industrie-Agrarflächen sind Elementarwesen fast nicht mehr vorhanden. Und leider führen wir schon lange unbewusst einen Kampf gegen sie. Die derzeitige Ausbeutung der Ressourcen, die Verschmutzungen des Wassers, der Erde und der Luft tragen dazu bei, dass immer mehr Elementarwesen in den Holonen ausgelöscht werden. Und die Frage erübrigt sich wohl auch, was passiert, wenn wir es schaffen, alle Einheiten dieser weisen Wesen aussterben zu lassen. Schon der große europäische Naturarzt Paracelsus sagte: *Wer die Hüter der Elemente als kindlichen Aberglauben abtut, zerstört die Welt, vergiftet die Urmuster und zerstört die Lebensgemeinschaft zwischen Mensch und Natur!*

Praktisches Erfahren

Elementarwesen kennenlernen

Bei dieser Übung geht es darum, die Qualität einzelner Wesensbereiche zu spüren. Wir suchen uns einen beseelten Platz in der Natur, in oder auf dem wir Elementarwesen vermuten oder wahrnehmen. Wir setzen uns dort auf einen Stein oder bleiben stehen, schließen die Augen und versuchen einfach, in die Qualität des Platzes einzutauchen. Nachdem wir vielleicht etwas Kleines oder Großes, Quirliges oder Träges, Schönes oder Lustiges wahrgenommen haben, konzentrieren wir uns dorthin und versuchen einfach, mit Sätzen in Gedanken oder nur mit Gefühlen in Kommunikation zu gehen. Lass Kommunikation entstehen. Wenn es nicht klappt oder du zu sehr in deinem Verstand weilst, versuche es einfach wieder. Die Elementarwesen haben viel Geduld. ☺

Kapitel 9

Die Ebenen des Geistes und der Seele

So wie der vielfältige Aufgabenbereich der Elementarwesen in das Feld der zuvor genannten Landschaftsgöttinnen überfließt, so kann man sich auch das Ineinanderfließen der Emotionalebene in die Mentalebene und weiter in die spirituelle Ebene vorstellen. Alles ist miteinander verwoben, vermischt und vermengt sich – vergleichbar mit den körperlichen und psychischen Aspekten im Menschen, wo Gedankenmuster sich auch auf den körperlichen und seelischen Ebenen zeigen und dort wirksam sind.

Die Wesen des geistig-seelischen Bereiches unterscheiden sich von den Elementarwesen dadurch, dass sie keinem erdgebundenen Element, wie Luft, Feuer, Wasser oder Erde, untergeordnet sind, sondern sich frei nach oben entfalten oder einen Raum halten. Ihre Aufgabe ist es, kosmische Qualitäten mit den Kräften der Erde zu verbinden und diese überirdische Qualität hier zu verankern. Wir können demnach sagen, dass die Emotionalebene der Erde sich stets im Feld der Erde hält, während die geistig-seelische Ebene einen Bereich nach oben hin öffnet, um die Kräfte, die im Kosmos und in anderen Planetenbereichen wirksam sind, zu kanalisieren und für die Erde und ihre verschiedensten Gebiete zur

Verfügung zu stellen. Gleichzeitig verankern auch die Planeten die Kräfte der Erde in ihrer Struktur. Die verschiedenen geistig-seelischen Kräfte der Erde werden demnach nach oben ausgestrahlt, von anderen Polen im Kosmos aufgenommen und in einer Resonanz genutzt. Es beruht auch hier alles auf einem Geben und Nehmen, Ausstrahlen und Einfließen, Yin und Yang. Ohne dieses polare Gleichgewicht würde nichts auf der Erde oder im gesamten Kosmos entstehen und sich entwickeln können.

Die Berge selbst stehen in diesem Aufgabenbereich der geistig-seelischen Prozesse an oberster Stelle. Sie nehmen die kosmische Energie meist in ihren Gipfeln und höchsten Punkten auf, lassen diese über ihr Energiesystem aus Drachen- und Leylinien einfließen und speichern sie in den Steinen und innegelagerten Kristallen, wo die Energie für die darunter liegende Ebene, die Emotionalschicht, bereitgestellt wird.

Haben wir zuvor die Kräfte des Pans beleuchtet, so sind es auch die von ihm fokussierten Orte, die gerade diese Kräfte, die Energien des seelisch-geistigen Bereichs, für die anderen Elementarwesen speichern und weiterentwickeln bzw. die die Schwingung umfrequentieren und für die Erde nutzbar machen. Ein bekanntes und schönes Sinnbild aus Sagen und Epen sind die Bewohner der Erdschichten, die Zwerge. Wer von uns kennt nicht die eine oder andere Erinnerung aus Erzählungen unserer Kindheit, in der ein Riese oder ein Zwerg einen Schatz im Inneren des Berges vor der Habgier des Menschen behütet und bewacht. In Wahrheit sind es die Kräfte der Elementarwesensschicht, welche die kosmischen und göttlichen Energien, die zuvor über den Berg in seine Felsen und Kristalle eingeflossen sind, behüten und bewahren und diese für die emotionale, aber auch die körperliche Ebene nutzbar machen. Und auf der anderen Seite steht der Mensch, der in Sagen und Erzählungen als verliebter Weidmann oder verdorbene Gestalt auftrat und den Zwerg überlistete, um so an den begehrten Schatz zu kommen, der ihn für seine große Liebe begehrenswerter machte oder mit dem er seine Gier nach Macht und Geld befriedigte.

Heute treten diese Figuren oft hochtechnologisiert auf, um damit die Kristalle des Berges zu orten und einen Zugang zu sprengen, um die Mineralien für sich zu erobern. Trotzdem bleibt dieser Abbau nur am Rande erwähnt. Denn zu streng sind schon die Gesetze geworden, die die Gewinnung der Kristalle regeln. Man könnte sogar weiter ausholen und sagen, dass die Energien dieser Kristalle in den Wohnzimmern oder Schaukästen weiter strahlen und auch dienlich für die Bewusstseinsbildung der Menschen sind. Wie viele Bücher wurden schon über die Heilkräfte der Kristalle geschrieben, und wie viele Heilsteine werden heute bereits in Praxen, Schulen oder privaten Bereichen genutzt ...? Daher kann man den Abbau, wenn er in einem überschaubaren und eben kontrollierten Zustand bleibt, nicht als negativ bezeichnen. Trotzdem sollte die Welt der Kristalle eine höhere Wertschätzung genießen, als es heute der Fall ist, wo man schon auf Autobahnraststätten Mineralien billigst und von esoterischen Sprüchen begleitet aus Kaugummiautomaten drücken kann. Jene Steine sind es dann auch vielleicht, die zuvor unter schrecklichsten Bedingungen untertags irgendwo in Südamerika oder Asien gefördert worden sind.

Auch hier ist es so, wie es auch überall sonst ist: Es ist Bewusstsein gefragt beim Erwerb von Mineralien. Denn nicht nur die kosmische Kraft wird in den Steinen gespeichert, sondern auch die Schwingung des Bergarbeiters, der unter schwierigsten Bedingungen oft mit unvorstellbaren Mühen und unterbezahlt die Mineralien fördert. Unter diesen Aspekten kann das wunderbare rosafarbene Kleid eines Rosenquarzes plötzlich in einem anderen Licht erscheinen und uns einen tatsächlichen Blick in die Schwingung des Steines erlauben. Bei heimischen Mineralien gestaltet sich dies anders. Diese werden erstens in kleineren Mengen abgebaut, und die Menschen, die sich diese Aufgabe zum Beruf gemacht haben, sind noch voller Leidenschaft und Entdeckergeist. Natürlich ist der Preis eines heimischen Bergkristalles um ein Vielfaches höher als der eines brasilianischen Amethysten. Doch meiner Meinung nach sind die heimischen Kristalle für uns verträglicher und wirksamer. Diese Kraft aus dem Speicher der Kristallstruktur wird uns auch intensiver dabei unterstützen, unser körperliches und seelisches Gleichgewicht zu finden, wenn man sie in der therapeutischen Praxis nutzt.

Kommen wir aber nun wieder zur Beschreibung der Wesen, die in der geistig-spirituellen Ebene wirksam sind, zurück und beleuchten zuerst die Qualität der *Landschaftsgöttinnen*. Sie bilden ein konzentriertes Feld an spiritueller kosmischer Essenz und koordinieren diese Lebenskräfte innerhalb eines Holons. Diese Landschaftskoordinationspunkte stehen in räumlicher Beziehung zueinander und versorgen sowie halten den jeweiligen Impuls im Raum. Sie verkörpern die drei Urprinzipien: *Entstehung, Entfaltung und Wandlung*. Das Verständnis der Lebensprinzipien reicht auch in alle Kulturen zurück und ist Teil ihres Verständnisses und ihrer Grundphilosophie. Bereits im alten Griechenland wurden diese Grundqualitäten als Göttinnen umschrieben:

Persephone, die Weiße Göttin, steht für das Prinzip des Frühlings, des Aufblühens. Sie lässt entstehen und wachsen, keimen und beginnen.

Demeter, die Rote Göttin, verkörpert die Fruchtbarkeit, die Fülle und die Reife. Sie sättigt das Holon mit Lebenskraft, nährt den Raum und die Wesen darin.

Hekate, die Schwarze Göttin, symbolisiert den Übergang von einem Leben zu einem nächsten. Sie trägt die Energie des Winters in sich, des Vergehens, der Wandlung und der Transformation. Sie reinigt und erneuert die Lebenskraft innerhalb eines Holons.

Diese drei Qualitäten sind als Grundbausteine jedes Holons zu verstehen. Und je nach Größe des Holons können sie sich sogar über ganze Berge legen. Der Berg selbst bildet dann einen Landschaftstempel mit einer der drei Qualitäten und kann mit zwei anderen Bergen zum Beispiel die geistig-seelische Essenz eines großen Landschaftsholons bilden, die sich dann wiederum inmitten dieses Holons als *Landschaftsengel* oder *Landschaftsdeva* fokussiert. Aber es gibt auch den anderen Bereich, in dem der Berg die kosmische Kraft aufnimmt und an die drei Göttinnen weitergibt.

Wenn wir das Wirken der Elementarwesen als die Emotionen und Gefühle der Erde verstehen, so können wir die Kraft der Landschaftsgöttinnen und Landschaftsengel als die Welt der Gedanken und das Seelenleben der Erde deuten und als Mental- und Seelenebene umschreiben. Sie verbinden die Erde mit dem Kosmos und dem All, die Allgegenwärtigkeit des Göttlichen in allem und jedem. Sie können auch Resonanzpunkte verschiedenster Planeten sein, so dass ein Ort die Kraft des Merkurs oder der Venus oder die Qualität des Mondes und der Sonne ins Außen strahlt. Es würde aber zu sehr ins Detail gehen und uns statt in eine offene Schau in eine verstrukturierte gedankliche Welt einengen.

Stattdessen sollten wir über die Herzensebene erfahren oder lernen zu verstehen, dass alles und jedes ineinander und miteinander verwoben ist und dass wir auch in unseren ganzen Beschreibungen und in unserem Verstehenwollen doch nur wenig verstehen können, da Zwerge und Riesen, Feen und Nixen, Götter und Engel sich als Qualitäten einer Erde, eines Wesens ausdrücken, vergleichbar mit dem Menschen, der in sich Organe trägt oder sich von Emotionen, Gedanken oder Träumen leiten lässt. So wie wir diese Qualitäten ausdrücken und ins Außen spiegeln, so sollen wir auch die Erde als Einheit verstehen, die diese Unterscheidungen zulässt und für uns offenbart, um darin die Ganzheit und die vielen verschiedenen Schichten sowie die Lebendigkeit des Planeten zu sehen. Dennoch, glaube ich, ist es wichtig, sich an diesen Schichten zu orientieren. Ein Gefühl oder eine neue Schau zu entwickeln, zum Beispiel einen Berg als Wurzelchakra wahrzunehmen, im Vergleich zu einem Gipfel, der im Fokus eines Engels steht. Im Erkennen dieser verschiedenen Qualitäten wird es uns auch einfacher erscheinen, die Erde als Gesamtheit oder als Einzelwesen wahrzunehmen, so wie wir uns auch im Menschsein erkennen und über die Schulmedizin, welche streng teilt und unterscheidet, hinauswachsen. Wir erkennen, dass auch wir Einheit sind und in uns verschiedenste Welten integrieren, die aus Blut und Lymphe, Nerven und Alveolen, Gedanken, Erinnerungen, Gefühlen und Emotionen bestehen oder sich aus Träumen aus diesen und anderen Leben zusammenfügen. Denn nur darin drückt sich die Gesamtheit aus. Wir erkennen uns als Wesen, welche im ständigen Austausch stehen, nicht nur mit anderen Menschen, sondern mit all den anderen Welten. Wir erkennen, dass auch wir wiederum nur ein winziger Teil dieser gesamten wundersamen Ordnung sind.

In dieser Beobachtung wird auch eine neue Stärkung in der Beziehung zu unseren Orten, Wohnstätten, Pflanzen und Bäumen entstehen und wir werden erkennen können, dass über der Schönheit der Berge eine Aura strahlt, die unser Leben und Entstehen nährt und sich entwickeln lässt. Wir können unmöglich weiter glauben, dass es in unserem Intellekt, unserem verschwindend kleinen Ego, ein Verstehen gibt, ein Alles. In diesem Denken wird die Erde sich uns entziehen, vielleicht noch mehr, als dies heute schon der Fall ist, und sich als eine immer kleiner werdende offenbaren, die uns dann glauben lassen wird, dass es keinen Platz mehr für Gefühle und andere Wesensschichten gibt. Kurz gesagt, wir würden weiterhin in einem hermetischen Denken verkümmern, wie eine Pflanze ohne Licht.

Kommen wir aber abschließend noch zu der zuvor genannten Wesensschicht der Landschaftsengel und Gottheiten und versuchen wir gleichzeitig, diese Begriffe nicht von den Religionen abzuleiten. Viel zu stark besetzt zeigen sich diese Worte in der Geschichte und viel zu stark vereinnahmen sie dadurch auch unseren Geist und unsere Urteilskraft. Trotzdem wäre es einen Versuch wert, bei dem Begriff eines *Engels* oder eines *Gottes* nicht in eine Wertigkeit zu verfallen, die in uns eine bunte Bilderwelt freisetzt, wie dies natürlich auch bei der Beschreibung der Elementarwesen der Fall gewesen sein könnte. Versuchen wir also, uns die Bärte, Heiligenscheine, Kronen und Flügel wegzudenken, um diesen Wesen auch eine andere Existenzebene in uns zu bieten.

Engel oder Götter, wie auch die Elementarwesen, sind Wesen ohne feste Form, die in einem zeitlosen, dem Menschen räumlich entrückten Zustand existieren. Sie besitzen eine hohe spirituelle Energie und sind Vermittler zwischen Himmel und Erde. Oft thronen sie über uralten Bäumen oder auf Berggipfeln und lassen nur über diese Form ihre Gestalt erahnen. Sie wurden in der Geschichte von vielen Kulturen und Urvölkern in der Landschaft erkannt und verehrt als Tausendjährige Linde, Wundersame Grotte oder Heiliger Berg. Die Alten kannten und spürten die Energie, die von ihnen ausging, und sie wussten auch um die Wichtigkeit für die Menschheit und für ein Leben in Frieden und Einheit. An manchen Orten fanden Urteilsfällungen statt, an anderen heilige Zeremonien und an wieder anderen ausgelassene Feste. Man spürte, dass man sich im Umfeld einer besonderen Schwingung befand oder im Schutz eines hochentwickelten Wesens. Man gab ihnen Namen und taufte einen Platz, von dem eine tiefe Ruhe ausging oder der im Fokus einer Landschaftsgöttin stand, *Göttin des Schlafes*, woanders spürte man eine männliche und überaus aktive Feuerkraft, die die Ahnen zum Beispiel *Wotan, dem Gott des Donners,* zuschrieben. An einem weiteren Ort nahm man eine liebliche, ausgleichende, mütterliche Energie wahr, es war ein Ort, an dem einen Hirten *Maria* erschienen war oder an dem ein verwundeter Jäger wundersam geheilt worden war. Viele dieser Orte sind uns auch trotz des römischen Reiches und des Katholizismus erhalten geblieben. Kirchen wurden darauf erbaut, die bis ins Heute hinein von abertausenden Menschen besucht und bepilgert werden und uns eigentlich den Beweis erbringen, dass wir uns diese feinen Schwingungen, die an diesen Orten spürbar sind, nicht nur einbilden. Wenn immer mehr Menschen die Qualität dieser Orte wiederentdecken, sie respektieren, so findet auch wieder eine Annäherung des Wesens Mensch an das Wesen Natur statt, und beide Bereiche werden naturgemäß erstarken, weil es anders gar nicht sein kann. Wir wachsen weiter in unserem Bewusstsein, lassen all die Kreuzzüge, Hexenverbrennungen und Massenmorde hinter uns und öffnen uns nach und nach einer höheren Ebene, in der es keine Eifersüchteleien um den einen oder den anderen Gott mehr gibt. Denn der Gott, der in Christus oder Buddha wohnt, wohnt auch im Kosmos, wohnt auch im Wesen des Berges, und derselbe Gott, der sich am Gipfel zeigt, wohnt auch in jedem Menschen selbst. Wie können dann aus dieser Einheit noch Kriege entstehen, wie können aus dieser Einheit Menschen entwachsen, die sich als göttlicher erkennen als den Menschen, der ihren Gott nicht sieht? Und wie kann dann noch die Natur mit all ihren Wesen vernichtet werden, wenn wir erkennen, dass wir mit diesem Schritt schließlich uns selbst vernichten? Wir leben in dem einen Raum, in dem einen Holon, um den einen Berg, wo jedes Geschehen in einer Einheit geschieht und jedes Trennende, zuvor Egoistische, sich als eine Unmöglichkeit zeigt und gar nicht mehr gedacht werden kann.

Bild 11: Der Mittagskogel in den Karawanken wird von intensiver kosmischer Kraft genährt. Diese fließt über sein Schädeldach ein und ergießt sich über die Landschaft und die weiteren Bergrücken.

Praktisches Erfahren

Die Ebenen spüren

Bei dieser Übung geht es darum, die Qualität einzelner Ebenen zu erfahren und sich mit der Ganzheit zu verbinden. Wir suchen uns einen Ort, der Stabilität und Gelassenheit vermittelt. Nachdem wir sicher und schwer auf dem Boden stehen, verbinden wir uns mit unserer Emotionalschicht und versuchen zu reflektieren, in welcher Emotion wir uns gerade befinden. Danach gehen wir in unsere Mentalschicht und versuchen dort wahrzunehmen, welche Gedankenmuster uns derzeit bestimmen. Über die Mentalschicht versuchen wir nun einzutauchen in die Seelenebene. Was haben wir letzte Nacht geträumt, was will mir meine Seelenebene mit diesem Traum zeigen? Wie steht dieser in Verbindung mit anderen Menschen, anderen Orten? Und wir reisen dann mit unserer Wahrnehmung zu anderen Menschen, anderen Orten, auf Berggipfel – und versuchen einfach, mit unseren Gefühlen und Gedanken in Verbindung zu gehen. In dieser Verbindung sehen wir uns als Teil der Ganzheit.

Kapitel 10

Das Wesen der Berge

Behalten wir die Kapitel zuvor im Gedächtnis, in denen von Energiezentren, Leylinien, Elementarwesen und Landschaftsgöttinnen die Rede war, und sehen wir den Berg, wie wir alle es tun, ohne energetische Systeme oder Wesensschichten. Wir lernen den Berg ganz und gar neu kennen, das Sichtbare, Körperliche. Aber wir erkennen auch, wie sich alles zuvor Erwähnte nahtlos in das äußere Bild einfügt. Wir wandern drauflos, bis wir am höchsten Punkt angekommen sind, wo sich Gipfelerlebnisse als seelische Bedürfnisse nach Freiheit und Grenzenlosigkeit zeigen. Wir gehen los, den Kopf voller Aufgaben, Fragen und Vorstellungen, wobei wir gleichzeitig beobachten können, dass sich während der Annäherung noch alles in Arbeit befindet und der wilde Fluss der Gedanken, die wir auf unserer Reise dem Berg entgegenbringen, manchmal noch tosender und reißender wird. Doch wenn wir nach und nach feststellen, dass der wilde Fluss aus Gedanken sich langsam beruhigt und sich zu einem stillen Strom wandelt, so befinden wir uns immer mehr in der Gestalt des Berges. Wir werden immer mehr von dieser Rhythmik eingenommen, bis sich bald der ganze Berg in unserem Inneren widerspiegelt. Und jeder Gedanke, den wir dann denken, und jedes Gefühl, das wir dann erschaffen, wird auch in der Resonanz des Berges klingen, für den Berg erkennbar sein und ihm als Erinnerung bleiben.

Viele Wege stehen uns offen, um uns an die Berge anzunähern, sie zu erwandern, zu erklettern oder bloß zu "erschauen". Viele Methoden haben wir entwickelt: Felle auf die Skier gespannt, Nägel in die Schuhsohlen geschlagen, Haken in die Felswände gebohrt oder sogar Kreuze auf die Gipfel getragen. Und jeder Mensch hat für sich als Individuum auch das geeignete Mittel und Element gefunden. Beim Skitourengeher und Skifahrer ist es das Element Wasser im Schnee, beim Wanderer sind es die Wärme und Geborgenheit der Erde, beim Kletterer das Lodernde und Bewegende des Feuers und der Bergsteiger sucht die Grenzenlosigkeit und Freiheit der Luft. Wir werden jede Sehnsucht in uns stillen können am Weg zum Berg und dort die Eingebundenheit der Seele in die Natur erkennen. Und was wieder und wieder bleibt, ist die Sehnsucht nach dieser Eingebundenheit, die uns auf weitere Berge führt. Wenn die Gedanken zurückweichen und wir uns dem Geist des Berges öffnen. Wenn es nicht mehr gilt, irgendetwas zu erreichen oder besonders hohe oder schwierige Berge zu erklimmen. In diesem stillen Zurückweichen des eigenen Egos, einer feinfühligen Distanziertheit, hin zum großartigen Wesen des Berges liegt die Besonderheit, liegt die bleibende Erfahrung und liegt die Quelle zu einer bewussteren Schau. Ganz egal welche Themen sich in uns zeigen, der Berg wird sie mit seinen Elementen übersetzen und uns widerspiegeln. Sei es im Regen, im Wind, im Schnee oder bei der Überquerung besonderer Stellen. Er wird die Grenze in uns sozusagen manifest im Äußeren spiegeln und uns einladen, sie zu erkennen, sie neu zu beobachten, gleichsam einem Bühnenstück, in dem Dichter Figuren ausstatten, die uns und unsere Aufgaben spielen. In diesem sensiblen Zusammenspiel nehmen wir die Rolle des Zuschauers ein und der Berg die des großen Regisseurs. Jedes Stück wird neu inszeniert, neu erdacht und mit Erlebnissen, Stürmen, Regen und Eis in Szene gesetzt. Der Berg mischt, und wir mischen mit in den Qualitäten der Natur.

Anders zeigt sich die Welt jenen, welche die Berge auf ihre Art und Weise erfahren wollen, welche den Antrieb in ihrem Ego finden, das sie nötigt, sich an Schnelligkeit, Höhenmetern und Schwierigkeitsgraden zu messen. Es sind diejenigen, die sich dem Berg ohne Ehrfurcht und Respekt entgegenstellen, sich an Rekorden erhängen oder sich unerfahren den schnellen Gipfelsieg erkämpfen. Sie sind die Jüngsten am höchsten Berg, die Schnellsten der Nordwände, die Besten an den Schwierigsten. Ausgestattet mit den neuesten Technologien bildet diese Gruppe wohl die dichteste der Berggeher. Dass diese Kultur von den Wirtschaftstreibenden sozusagen erfunden worden ist, liegt wohl auf der Hand. Es ist eine Kultur, in der der neuesten Modefarbe und der schnittigsten Taillierung mehr Wert beigemessen werden als der Landschaftsqualität. Doch wie lange funktioniert dieses Spiel noch, das uns einlädt, uns immer weiter entfernt von uns zu suchen und uns gleichzeitig zu verlieren in einer Desensibilisierung der Seele? Die Berge kennen die Antworten und sehen uns oft lächelnd zu, wie Menschenmassen an ihnen hochturnen, und in ihrer Zeitlosigkeit finden sie auch die Ruhe, mit uns zu spielen und uns langsam, aber sicher zu einem Erkennen zurückzuführen.

Betrachten wir einen Berg von außen, nehmen wir wohl zuerst den Gipfel wahr, wie bei einem Gespräch, bei dem wir einem Menschen in die Augen schauen. Der Gipfel ist wohl das Gesicht des Berges, sein Charakter. In ihm können wir schon in großem Abstand erkennen, was er ausstrahlt, wie er ist. Viele von uns bleiben dann bei dieser kurzen Wahrnehmung und schauen in die Karte sowie nach dem Wanderweg, der auf den Gipfel führt. Es ist dabei vorprogrammiert, dass eine solch kurze Wesensschau auch zu einem oberflächlichen Smalltalk führt.

Betrachten wir den Berg aber nicht als Objekt, an dem wir eine Leistung erbringen oder uns ertüchtigen können, sondern eben als Wesen, dann versuchen wir, ihn kennenzulernen - wir gehen einen Schritt weiter, statt ihm nur ins Gesicht zu blicken und einige Worte zu wechseln. Lernen wir ihn kennen, als Körper, von der Zehe bis zum Scheitel. Erfahren wir, welche Emotionen er fühlt, welche Gedanken er denkt, welche Träume er schläft. Was ist seine Geschichte? Welche Geschichten verbinden uns mit ihm? Ist er Mann oder Frau, Großvater oder Kind, Regent oder Mittler?

Mit dem Geist des Berges verankert zu sein, ist gleichsam die Fähigkeit, in sich zu ruhen. Weg von einer Leistung, hin zu einer stillen Schau. Der erste Schritt dorthin ist es, einen Moment zu suchen, in dem man zurücktritt und in das Herz des Berges schaut - und von dort wieder in das Antlitz des Berges, dem man begegnen und den man kennenlernen möchte. Und natürlich muss man nicht am Gipfel stehen, um dies zu tun. Auch im Abstand, in der Form einer geistigen Hinwendung, kann man den Berg kennenlernen, mit ihm in Kommunikation treten, das Wesen des Berges sehen.

Die Bäume und der Wald zu seinen Füßen sind wesentliche Bestandteile, wenn wir den Geist des Berges erkennen und in uns tragen wollen. Die Bäume sind die bescheidensten Boten des Berges, sie stützen und schützen ihn, sie sind voll mannigfaltiger Botschaften. Sie bilden seine Wurzel, sind Füße und Zehen, geben Stabilität und Erdung. Der Wald und seine Bäume sind aber auch die Schattenseiten des Berges. Das Versteckte und Verborgene, in dem der Wanderer Schutz findet vor Regen und Sturm, aber auch vor Steinstürzen und Lawinen. Der Fuß des Berges, der Wald, gibt uns also die Sicherheit und lädt uns ein, uns in ihm umzuschauen, seine Bäume und Tiere zu sehen, seine Luft zu atmen. Wie dieser Körper des Waldes ist, so ist auch sein Wesen. Der dichte Wald gibt dem Berg mehr Stabilität und Sicherheit als es ein lichtdurchfluteter tut. Es ist auch in unsere Schau mit einzubeziehen, was Nadelwälder, Laubwälder oder Mischwälder in uns hervorrufen.

In dieser Beobachtung des Moments, im Gehen und wieder im Gehen schreiten wir weiter voran, bis die Bäume sich vereinzeln und die Bergwiesen sich öffnen. Sie bilden nach der körperlichen und Halt gebenden Baumschicht die Gefühlsregion des Berges. Das Feingesponnene und Empfindliche, in dessen Feld der Wanderer gerne das erste Mal rastet und hinauf auf den Gipfel oder hinunter in das Tal blickt und sich an den bisherigen Aufstieg durch den Wald erinnert. Hier kann der Eindruck entstehen, durch das Körperliche und Feste des Berges gegangen zu sein, um jetzt eine sensible Zone des Berges kennenzulernen oder wahrzunehmen. Wir können wunderbar in Resonanz gehen und unsere im Augenblick gelebten Emotionen still ins Außen bringen, um diese mit der ewigen Gefühlswelt des Riesen, auf dem wir uns befinden, zu vermengen, wie Atem, der sich mit einem feingesponnenen Äther vermischt.

Die Almweiden zeigen auch wieder sehr viel von dem Wesen des Berges. Sind die Wiesen sanft, saftig und voller weidender oder ruhender Tiere und bunter Blumen, so ist auch die Gefühlswelt des Berges eine sanfte und gutmütige. Ist diese Region aber schroff, steinig und direkt mit den Felswänden verwachsen, kann auch das Gefühlsleben dieses Berges dementsprechend sein und sich als ein zorniges und strenges zeigen. Wie zuvor schon beschrieben, kann man das Gefühlskleid des Berges nicht mit dem des Menschen vergleichen. Leiten uns starke Emotionen und Empfindungen in ein Auf und Ab, so ist es im Erleben des Berges etwas Dauerhaftes, welches die Emotionen des Berges spiegelt, ein Ständig und Immer, ohne zeitliche Ebene. Es ist ähnlich wie bei uns: Auch wenn unsere Emotionen zwischen den Auf und

Abs der Freude und der Trauer, der Angst und des Vertrauens oder der Sorge und der Gelassenheit zur Mitte finden, so bleibt dennoch ein Gefühl, das das Wesen des Menschen ausdrückt, welches in uns ein Individuum bildet. Genau dieses Individuum spiegelt der Berg in der Gestalt der Almwiesen wider, und genau diese Gefühlsgestalt des Berges können wir hier schauen. Unweit von unserem Rastplatz können wir einen kleinen Bergsee erkennen. Die Gewässer der Berge, seien es Quellen, Seen oder Wasserfälle, wirken wie ein konzentrierter Spiegel des Berges. Tauchen wir gedanklich ins Wasser ein, können wir sowohl die Gefühlswelt als auch die Seelenwelt des Berges erkennen. Wir kennen auch die zahlreichen Geschichten, in denen die Heilkräfte einzelner Bergquellen beschrieben werden. So wirkt das Wasser, welches der Berg gespeichert hat und an bestimmten Orten zutage bringt, heilsam und heilbringend. Es ist wie ein Konzentrat, welches über unseren Körper auf die Seele wirkt und uns mit der Kraft des Berges verbindet. In früheren Zeiten wusste man noch von den erstaunlichen Heilkräften des Bergwassers, und teilweise wurden auch Kranke von ihren Angehörigen dorthin geführt, um zu genesen. Das Wasser des Berges ist der Berg selbst, der als Konzentrat auf all unsere körperlichen und geistigen Funktionen ausgleichend wirken kann.

Steigen wir nun weiter hoch, wo sich die felsigen Wände auftun und jeder Schritt schwerer und steiniger wird und wir bereits ahnen, dass wir uns mit jedem Schritt dem Gipfel des Berges nähern. Vor 100 Millionen von Jahren haben sich die Berge aus Meeren und Flächen erhoben und sich aus Ablagerungen von Meereswesen aufeinander getürmt – getragen von einer Seele, die scheinbar über die Formen hütete und sie bis ins Detail mit der Landschaft verflocht. Wir schauen hoch und sehen die teilweise senkrechten Wände, durch welche die Risse und Kamine, die durch Erosionen oder Kälteeinwirkungen entstanden sind, wie Falten im Antlitz des Berges wirken und trotz der spürbaren Ewigkeit auf eine Vergänglichkeit hinweisen. Wir steigen hinauf über gerundete Pfeiler und bizarre Kanten, durch welche die Steige oder Kletterrouten verlaufen. Wir blicken hinauf auf den Grat, der weiter vom Alter des Berges erzählt und die Welten in Räume teilt. Wenn man auf dieser Schneide wandert, kann man die Drachenenergien spüren, die sich vom Gipfel über den Grat und weiter in die Landschaft ergießen. Hier ist man dem Wesen Berg am nächsten, spürt seine Präsenz wie einen Hauch, der uns umgibt. In dieser Region befinden wir uns mitten in der Gedankenwelt des Berges, die sich in der Ausgesetztheit, in den Steinstrukturen der Pfeiler und Kanten zeigt. Wie hineingemeißelt scheinen sie auf uns zu wirken und verdeutlichen uns die Erinnerung des Berges. Jede Erhebung zeigt sich als Gedankenspeicher, als Gehirnzelle, und je mehr unsere Hände den Stein berühren, umso mehr spüren wir seine Wärme und das lodernde Feuer seiner Erinnerung. Jede Geschichte aus Feuer und Eis, aus Vergangenheit und Zukunft, aus Zeit und Raum ist abrufbar und lesbar in der ewigen Weisheit und in den kristallinen Strukturen des Gesteins.

Mit größtmöglicher Bescheidenheit steigen wir höher und höher, still dem höchsten Punkt des Berges entgegen. Hier treten wir ein in die Seelendimension des Berges, kommunizieren über unseren Solarplexus mit dem Bewusstsein des Berges und sind im Zentrum seines Wesens angekommen, im Herzen des Engels, welches in uns eine Sehnsucht stark werden lässt, die aufsteigt und im Himmel mündet in einer Offenbarung, dass alles vom Äther durchdrungen ist. In diesem kosmischen Gefühl gleiten unsere Blicke hinunter in das Tal oder über die Gipfel der umliegenden Berge. Man kann die Beziehung spüren, die jener Berg mit anderen Bergen lebt, man kann spüren, mit welchen Landschaften hier eine direkte Kommunikation besteht. Wir lassen unsere Blicke ohne Absicht oder Bewertung einfach über die Ebenen ziehen und wissen zur gleichen Zeit, dass wir vom Berg geleitet sind. Die Sekunden vermischen sich hier mit den Minuten, und der Blick streift ziellos über die Landschaft, vergessen ist die Zeit. Der Körper hier oben wirkt nicht mehr so fest und schwer, als er dies am Fuße des Berges tat. Es scheint so, als ob unsere Seele sich aus dem Körper erhebt und sich um ihn schmiegt und ihn eine Unendlichkeit lehrt. Sie scheint mit dem Engel des Berges zu kommunizieren, und unsere Gedanken, die unten so fordernd und manifest sind, scheinen diesem Gespräch zu lauschen, scheinen aus den Worten zu lernen. Der Geist rückt zurück in den Körper und hört für Momente auf zu fordern, zu begehren oder sich in Belanglosigkeiten zu verstricken. Hier oben weiß man um das Wesen des Berges, denn man ist durch seine körperlichen Schichten gegangen, hat seine Gefühle gespürt und ist über die Kanten und Grate in seine Gedankenwelt eingetaucht, um jetzt in seiner Seelendimension zu stehen, in der nichts anderes mehr erkennbar ist als die Verwobenheit mit jedem Stein, den wir während des Gehens berührten, mit jeder Pflanze, die uns durch ihre Farbe und Gestalt Schönheit schenkte, mit jedem Tier, welches wir erschreckten. Wir erleben die Unendlichkeit des Ganzen. Dies ist die Weisheit des Berges, welche auch unsere Weisheit nährt und zugleich die Essenz seines Wesens ist.

So wie der Bergaufstieg und das Erlebnis am Gipfel eine Sehnsucht nach der Feinstofflichkeit und Allmacht der Seele wecken, so ist der Abstieg wie eine Rückkehr in das Mütterliche und Feste der Erde. Und sooft der Abstieg auch als notwendig beschrieben worden ist und kaum Beachtung findet, so kann man darin auch

Bild 12: Die Schweiz besitzt alle Ebenen und Erscheinungsformen der Bergwelt. Hier das Gebiet um Eiger, Mönch und Jungfrau. Alle Wesensschichten sind gut erkennbar.

12

einen spirituellen Akt und ein meditatives Erleben erkennen. Wir kehren zurück aus geistigen Welten und gehen wieder Ebene für Ebene nach unten. Von der Seele hinunter in die Mentalität und weiter wieder in die Welt der Gefühle, bis wir wieder sicher durch den Wald wandern und den erdigen Geruch einatmen, der uns einlädt, alles Erlebte in uns zu verankern und es uns bei Essen und Trinken sozusagen einzuverleiben. Alle Eindrücke können nun verarbeitet werden und sich weise einfügen in unser gesamtes Wesen. Wir waren Teil des Berges und haben diesen Teil für immer in uns aufgenommen, der in unserer Erinnerung wie ein kleines Stück eines Kristalles wirkt, welches dort glänzt und uns mit der Ganzheit der Erde verbindet.

Praktisches Erfahren

Das Wesen des Berges wahrnehmen

Welche Übung könnte nach diesem Kapitel wirkungsvoller sein, als selbst eine Bergtour oder entspannte kleine Wanderung auf einen Berg zu unternehmen? Je nach Kondition können wir einen Berg oder auch nur eine Anhöhe auswählen, um die genannten verschiedenen Ebenen und Elemente zu erfahren. Natürlich muss ein Berg dabei nicht alle Ebenen bis zum felsigen Gipfel aufweisen, um sein Wesen erfahren zu können.

Lassen wir einfach die Natur auf uns einwirken, um die Ebenen über die Herzensebene zu erfahren.

Kapitel 11

Die Berge und Orte außerhalb ihrer Kraft

In der Geschichte der Menschheit hat es unzählig viele Handlungen gegeben, in denen das Umfeld und die energetische Situation eines natürlichen Holons nachhaltig gestört worden sind. Stets war es und ist es so, dass die Natur, die Berge oder ihre Wesenheiten sich niemals selbst in ein Ungleichgewicht führen können. Wie zuvor schon beschrieben, herrscht in einem Holon stets eine natürliche Holarchie, in der weder ein Ego noch ein daraus resultierendes Streben nach Wertigkeit oder Erfolg wirksam ist. Dieses Ego ist nur im Menschen selbst verankert, und nur diesem Ego - sei es das eines einzigen Menschen oder das eines ganzen Volkes - ist es *zu verdanken*, dass die weltweite Situation derzeit so ist, wie sie sich gegenwärtig zeigt. Auch wenn gewaltige Naturkatastrophen Länder und ihre Menschen erschüttern und vielleicht in Zukunft noch viel gewaltigere entstehen werden, geschieht dies nur aus einer natürlichen Weisheit heraus, um das energetische Gleichgewicht wiederherzustellen. Ich weiß, dass diese Mutmaßung sehr archaisch wirkt und uns an das Alte Testament des strafenden Gottes erinnern könnte. Aber wie auch immer wir es deuten wollen, es ist nun einmal so, wie es ist.

Versuchen wir einmal, einen Gedanken zu denken, der vielleicht von den meisten Menschen noch nie oder noch zu wenig gedacht worden ist und der den simplen Inhalt hat, dass sich der Mensch in seinem Handeln und Tun völlig überschätzt und in dieser Überschätzung vielleicht das Wesentliche übersieht. Spinnen wir diesen Gedanken weiter und versuchen wir, unseren Planeten als große Wesenheit zu betrachten oder so, wie ihn die meisten Urvölker erkannten, als Mutterplaneten, auf dem der Mensch als Kind wirkt, sich selbst erfahren darf und sogar so weit gehen kann, sich bis an die Grenzen zu erproben. In einer gleichen Betrachtung können wir vielleicht erkennen, dass wir heute all diese Grenzen erreicht haben und dass wir auch weiterhin die völlige Freiheit besitzen, weiterhin in diesem kindlichen Bewusstsein zu verharren. Denken wir also weiter, dass die Erde als Mutter nach vielen Jahrtausenden Kindheit und Erziehung ihre Kinder endlich erwachsen sehen möchte, weil sie selbst keine Möglichkeit sieht, weiterhin die niederen Triebe der Menschen zu ertragen. Wir haben grausamste Kriege geführt, haben gefoltert, misshandelt und vergewaltigt. Haben uns verdammt und uns betrogen, haben Völker verfolgt und vernichtet, haben Urwälder niedergeholzt und ganze Tierarten ausgelöscht. Und es war nicht er oder sie, dieses oder jenes Volk, das Kreuz oder das Schwert. Immer waren es wir, die Menschen.

Ich möchte mich aber in diesem Bereich dunkelster Vergangenheiten nicht zu lange aufhalten und kurz anhand von zwei geomantischen Raumanalysen erläutern, wie das verschlingende Ego des Menschen energetisch in der Landschaft wirkt und wie ganze Landschaftsholone nachhaltig in eine Disharmonie geführt worden sind.

Die erste Beschreibung einer Landschaftsdisharmonie führt uns einige tausend Jahre zurück. In die Zeit, als Kelten und Slawen den Bereich des heutigen Dreiländerecks Slowenien, Italien und Österreich besiedelt hatten. Die weisen und spirituellen Männer der Kelten, die Druiden, kannten das feinstoffliche Landschaftssystem noch genau und nahmen die Orte und ihre Wesen darin wahr. Sie waren die Priester des Waldes und des Berges, die Hüter der Steine und des Wassers und nutzten die Heilkräfte der Pflanzen und Orte. Doch zugleich war es auch eine Zeit, in der immer mehr Völker Kriege führten und die Römer in den Norden drängten. Man hatte sich also zur Wehr zu setzen, und dieses Zur-Wehr-Setzen war zugleich der Beginn des Untergangs der keltischen Kultur.

Mit dieser Vorgeschichte beleuchten wir ein Gebiet zwischen den Karnischen Alpen und den Karawanken, welches im Fokus der Landschaftsgöttin Hermetria steht. Das Sakralzentrum dieses Wesens bildet eine kleine Erhöhung aus Sandstein, die Dert, die sich in der Nähe der Schütt und des Dobratsch in Arnoldstein im Süden von Kärnten befindet. Von außen ist es nur als eine bedeutungslos wirkende Steinaufschichtung erkennbar. Doch Geschichtsinteressierte wissen, dass hier und in der Umgebung alte Keltensiedlungen waren und um die Dert Hügelgräber standen, die bis heute deutlich erkennbar sind.

Etwa zwei Kilometer Luftlinie entfernt, in Förk bei Nötsch, lag eine erste Keltensiedlung, in deren Umfeld man vor einigen Jahrzehnten bei Ausgrabungen unglaublich präzise geschmiedete Rüstungen fand, welche aus dieser Zeitepoche in dieser Qualität und Schmiedekunst nur hier gefunden worden sind. Diese sind auch im Landesmuseum in Klagenfurt zu bewundern. Genau entgegengesetzt, etwa drei Kilometer entfernt, liegt die Sagrad, ein weiterer Siedlungsraum der Kelten in der Nähe des heutigen Pessendellach in Thörl Maglern. Eine dritte Siedlung war östlich in der Nähe des heutigen St. Stefan im Gailtal angelegt und eine weitere wiederum lag westlich im heutigen Arnoldstein. Die Mitte dieses Sternes bildete die Dert. Sie war das Zentrum der

Himmelsrichtungen und die spirituelle Mitte der vereinten Dörfer.

Genau durch diesen damaligen Siedlungsraum hat man vor kurzer Zeit eine Straße gebaut, den Gailtalzubringer, der trotz heftiger Kritik schließlich dann doch umgesetzt wurde. Unerklärbar viele Unfälle haben hier stattgefunden, und unerklärbar viele endeten tödlich.

Aus diesem Grund haben wir vor einigen Jahren eine Gruppe gegründet, um das gesamte Landschaftsholon zu untersuchen, geomantisch zu analysieren und auch historisch aufzuarbeiten.

Nicht nur Keltenkriege fanden hier statt, auch viele andere Ereignisse erschütterten diese Landschaft. 1338 zum Beispiel war es eine Heuschreckenplage. Zehn Jahre später ereignete sich hier eine der größten Naturkatastrophen der Geschichte. Nach einem Erdbeben lösten sich gewaltige Felsmassen vom Dobratsch und begruben die Landschaft in Fels und Stein. Überschwemmungen, Hungersnöte und die Pest waren die Folgen. 1476 fielen genau in diesem Raum zwischen Arnoldstein und Nötsch fünfundzwanzigtausend Türken ein. Sie verwüsteten das gesamte Gebiet und töteten und schändeten seine Bewohner.

Die geomantischen Raumanalysen führten uns immer wieder zurück in das damalige Zentrum der Keltensiedlungen, zur Sandsteinaufschichtung der *Dert*. Betrat man die *Dert*, so durchschritt man eine dünnhäutige und sanft wirkende Membran, hinter der sich ein völlig anderer Raum öffnete, als man diesen bei einer äußeren Betrachtung vermutete. Er wirkte landschaftlich ähnlich zu einem Gebiet im alten keltischen Irland, einem Landschaftstempel gleich. Auf der sanft grünen Wiese waren sofort Steine zu erkennen, die beim ersten Blick unwillkürlich auf der Erhebung standen. Nach und nach ergaben unsere Wahrnehmungen, die wir miteinander verglichen, immer wieder ein Gesamtbild und die gleiche Essenz. Einige der Felsen, die dort gesetzt worden sind, lagen im

Einflussbereich der verschiedenen Berge ringsum und dienten sozusagen als Ankerpunkte, welche die unterschiedlichen Energien der umliegenden Berge anzogen und sie in das Feld der Dert einspeicherten. Wieder andere Felsen waren genau auf die vier Himmelsrichtungen ausgerichtet und damit auf die zuvor beschriebenen Siedlungsgebiete. Die Dert war also ein menschlich und damit künstlich angelegtes Energiezentrum der verschiedensten Bergkräfte, welches darauf ausgerichtet war, die eigenen Siedlungsgebiete zu stärken.

War es tatsächlich diese massive energetische Veränderung der natürlichen Struktur, welche sich wohl zuerst als höchst wirkungsvoll erwies, aber nach und nach den gesamten Siedlungsraum veränderte und nachhaltig beeinflusste? Wir haben es zwar so wahrgenommen, aber wissen können wir es nicht - und vor allen Dingen möchten wir uns auch hüten, dies zu behaupten. Allerdings kann eine Behauptung festgehalten werden: Die Kelten kannten das Wirken und die Kräfte der Natur genau. Und vielleicht hat gerade dieses Wissen oder eine entfremdete Nutzung dieser Kräfte bewirkt, dass dieses so geheimnisvolle Volk sozusagen von einem Tag auf den anderen unterging.

Eine zweite Beschreibung von Landschaftsdisharmonien führt uns genau hundert Jahre zurück in die Kampfhandlungen des Ersten Weltkriegs. Durch meine geomantische Abschlussarbeit habe ich mich einige Jahre sehr intensiv mit dieser Zeit beschäftigt, insbesondere mit den Auswirkungen des Gebirgskrieges, der sich von der Schweiz über Österreich und Italien bis nach Slowenien spannte und die Alpen sozusagen in zwei hochalpine Festungen teilte, in denen abertausende Menschen in einer nicht zu beschreibbaren Sinnlosigkeit starben. In denen aufgrund des Egos

Bild 13: Das Kraftfeld der Dert mit Blick auf die Gailtaler Alpen

13

zweier Staaten, Österreich und Italien, Unzählige erfroren, verhungerten, zu Tode stürzten oder unter Lawinen verschüttet wurden. In vielen Büchern ist dieser Gebirgskrieg schon aufgearbeitet worden und viele sind gerade in den letzten Jahren erschienen, deshalb möchte ich mich auch in keinster Weise in historischen Beschreibungen verlieren, sondern eben bei den Auswirkungen bleiben, die dieser Krieg im Wesen der Berge verursacht hat.

Die damalige Front führte von der Schweizer Grenze, der 2843 Meter hohen *Dreisprachenspitze* am *Stifters Joch,* über die Gipfel der Dreitausender der *Ortler- und Cevedale-Gruppe* hinab zum Tonale Pass, dann wieder hinauf zu den Dreitausendern der *Presanelle- und Adamello-Gruppe* und hinunter ins *Adanatal* über einige Zweitausender zum *Gardasee* und ins *Etschtal.* Dieser Abschnitt war der längste, ununterbrochene hochalpine Frontabschnitt der Geschichte mit einer Durchschnittshöhe von etwa 3000 Höhenmeter. Vom Etschtal führte die Front weiter auf die Hochfläche der *Sieben Gemeinden* (*sette communi*) auf über 1500 Meter Höhe, hinab ins *Valsuganatal*, entlang der Gipfel des *Lagazuoi-Kammes* und der eisigen, damals durchwegs vergletscherten *Marmolata* auf 3.342 Meter Höhe ins *Buchenstein-Tal* und weiter über den stark umkämpften *Col di Lana* und die *Cristallo-Gruppe* auf das *Drei-Zinnen-Plateau* und hinunter nach *Sexten*. Weiter führte der Weg entlang der *Karnischen Alpen*, entlang des heutigen Grenzverlaufs zwischen Österreich und Italien, und der *Julischen Alpen* bis hinunter in das *Isonzo-Tal*, wo alleine fast eine Million Soldaten starben.

Ich selbst habe im Zuge meiner Abschlussarbeit alleine fast einhundert dieser Kriegsberge erstiegen und habe auf fast einhundert dieser ehemaligen Kriegsgipfel gestanden. Und genauso vielfältig waren die Erfahrungen bzw. Wahrnehmungen, die der Krieg auf den Bergen hinterlassen hat, so dass die Beschreibung hier den Rahmen des Buches sprichwörtlich sprengen würde. Trotzdem kann man zwei große Gruppierungen der Landschaftsverletzungen unterscheiden. Die erste umfasst die Berge, bei denen die Struktur bzw. der Körper selbst durch Sprengungen oder Bombardierungen versehrt worden ist. Die schlimmsten Verletzungen fanden hier meines Erachtens nach auf der *Batognica* in den *Julischen Alpen* in Slowenien statt und in den italienischen *Dolomiten* am *Col di Lana*. Bei beiden Bergen hatten die Soldaten den Auftrag, Tunnel und Gänge durch den Berg zu graben, um so unter die Stellungen der feindlichen Soldaten zu gelangen. Diese Vorhaben dauerten viele Monate und oft Jahre. Zentimeter für Zentimeter bohrte man sich durch den felsigen Gipfelaufbau des Berges. Dem Gegner selbst, der diesen lähmenden Geräuschen täglich ausgesetzt war, ist zugleich befohlen worden, in der Stellung zu bleiben und auszuharren. Lieber im Kampf zu sterben, als feige vom Berg zu fliehen, das war die Devise. Und so wurden mehrere 100 Kilo Sprengstoff unter der Stellung des Feindes gezündet.

Die Folge war, dass bei beiden Bergen der gesamte Gipfelaufbau gesprengt worden ist. Und mit dem Tod der Soldaten stürzten Tonnen von Fels und Geröll hinunter ins Tal und machten den Berg in Sekunden zu einem völlig anderen, als er viele Tausende von Jahren zuvor gewesen war. Das geistig-seelische Kleid des Berges blieb zwar unverletzt, war aber schwer traumatisiert und hat den ganzen Berg in ein Wesen aus Zurückgezogenheit und Verwirrung verwandelt, aus Erschütterung und Entfremdung. Dies ist noch hundert Jahre danach spürbar, taucht man in die Auren dieser Berge ein, die vielleicht nicht ganz so intensiv, aber deutlich entlang der Gebirgsfront wahrzunehmen sind. Wie lange es wohl dauert, bis die Seele des Berges sich wieder an den versehrten Körper anpasst, ist zeitlich für ein menschliches Verständnis wohl nicht fassbar. Trotzdem bin ich auch der Überzeugung, dass wir, die wir vernichteten, auch gleichsam imstande sind, die Wunden zu klären. Nicht in dem Sinne, den Berg wieder aufzurichten oder

Stein für Stein wiederaufzubauen, sondern indem wir diese Orte mit einem geöffneten Herzen besuchen, welches weder staunt noch schlottert, noch der Kriegsgeschichte und der Vergangenheit sein Interesse schenkt. Sondern welches erkennt, sich selbst in der Geschichte des Berges wahrnimmt und sich bei jedem Schritt an diesen Orten bewusst ist, damit das Leid und die Entfremdung des Berges zu teilen - nicht mit der Absicht, irgendetwas heilen oder harmonisieren zu wollen. Man sollte sich vielmehr - vielleicht auf dem Gipfel eines dieser Berge stehend - als Nachfahre und Teil dieses Krieges erkennen, als Erbe. Wir blicken vom Gipfel oder von einem dieser Orte und tauchen ein in wunderbare Landschaften, die den Berg umgeben, und vielleicht öffnen wir damit ein Fenster, durch welches Verbundenheit entsteht und durch das neue, heilsame Kräfte einfließen können.

Die zweite Gruppierung umfasst nicht die Verletzung der Bergstruktur selbst, sondern die menschliche Hinterlassenschaft im Emotionalfeld des Berges. Wie zuvor bereits beschrieben umfasst diese Emotionalschicht die Gefühlsschicht des Berges oder auch das Feld der Elementarwesen. Viele von uns haben den einen oder anderen Ort schon wahrgenommen, der einem Unbehagen bereitet, oder während man diesen betritt, empfindet man Unwohlsein. Dies kann nur in einem Raum sein, in dem man irgendetwas Beklemmendes spürt, vielleicht weil hier Gewalt an einem Menschen verübt worden ist. Aber das Gefühl kann auch zum Beispiel in einem ganzen Tal auftreten, welches wie von einer Schicht aus Angst überzogen scheint, die sich uns auf irgendeine Art und Weise zeigt. Dies sind Verletzungen der Emotionalschicht des Ortes, sie spiegeln die Gefühle wider, die Menschen in dieser Landschaftsebene hinterlassen haben.

Viele andere Orte habe ich auf den Kriegsbergen finden können, wo allein schon der Geländeformation wegen wenig

Möglichkeiten bestehen, dass diese Orte von Menschen aufgesucht worden sind. Diese erscheinen oft roh und ihnen sind fast keinerlei weitere Zeitabdrücke, wie zum Beispiel durch einen Krieg, aufgeprägt worden. Leider ist die Ausrichtung vieler Bergsteiger und Wanderer so, dass sie diese Energien gar nicht wahrnehmen, weil ihr Fokus nur darauf liegt, schnell den Gipfel zu besteigen und diesen wieder *mit dem Sieg in der Tasche* zu verlassen.

Auch in dieser zweiten Gruppierung habe ich zwei extreme Situationen erlebt, in der die Emotionen, die die Menschen dort hinterlassen haben, wie erwähnt fast noch völlig unverändert und mit Rohheit in die Landschaft gemeißelt waren - genau so, wie diese dort vor hundert Jahren gefühlt worden sind. Ein solcher Platz liegt auf einem verlassenen und von Wanderern wenig aufgesuchten Gipfel in den Julischen Alpen in Italien. Hier konnte ich deutlich die Seelenabdrücke zweier Soldaten erleben, die an einem einsamen Aussichtspunkt sitzend in eine endlose Weite aus Eis und Schnee auf 2500 Meter Höhe schauen und wachen. Wie in die Landschaft eingefroren erschien mir dieser Blick, der mit größer werdender Wahrnehmung dann langsam in der Wärme meines Körpers schmolz und sich im Bergwind verlor.

Eine weitere, völlig andere und vielschichtige Situation erlebte ich, als ich den *Monte Nero*, einen unbekannten Nebenberg der *Miezegnot-Gruppe*, im Winter bestieg. Das Erlebnis selbst habe ich ja bereits ausführlich im Vorwort beschrieben. In diesem Kapitel möchte ich aber nochmals den Raum genauer geomantisch umschreiben, in dem ich mich damals befand. Hier war es ein Raum, in den ich eingetaucht war, als ich mich, wie berichtet, selbst in ärgsten Bergnöten befand. Aber zu dieser Bergnot gesellte sich eine mir völlig fremde Angst und verwirrende Verzweiflung, die sich aus dem Raum löste und die sich gleichsam in mir ausdrückte. Ich sah keine andere Möglichkeit, als diesem Raum sofort zu entfliehen, wollte ich nicht völlig verzweifeln oder in einen Panikanfall geraten. Dann bin ich einem einfach verlaufenden Bacheinschnitt gefolgt, den ich vom Gipfel aus entdeckt hatte. Doch konnte ich mich nicht aus dem Raum lösen, sondern geriet immer tiefer in diesen hinein. Immer dichter und dichter verwoben sich meine Ängste, und immer mehr schien eine endlos wirkende Verzweiflung in mich einzudringen. Daraufhin schien der Raum jäh zu enden, so als ob ich eine feinstoffliche Wand durchschritten hatte und jetzt in einem neuen, geklärten Raum zu stehen kam. Ich war plötzlich wieder bei mir und bei völlig klarem Bewusstsein.

Was aber war das für ein Raum, der mich so überfiel, mein Gefühlskleid zusammenschnürte und mich in diesen verzweifelten Zustand geworfen hat? Damals wusste ich noch nicht viel von geomantischen Räumen in der Landschaft, das Interesse dafür entwickelte sich erst später. Als ich dann während meiner Abschlussarbeit die Schauplätze des Bergkrieges geomantisch zu erfassen begann, stieß ich auf ein Buch in einer kleinen italienischen Buchhandlung, welches ein italienischer Historiker genau über diesen Berg im Ersten Weltkrieg geschrieben hatte. Ein ganzes Buch mit Fotomaterial wurde über diesen Abschnitt geschrieben. So viel Geschichte also ist in den Steinen des Gipfelbereiches sowie in der Umgebung darum gespeichert, und genauso viel Geschichte hatte ich in diesem Raum wahrgenommen. Historisch war es so gewesen, dass mehrere hundert österreichisch-ungarische Soldaten hier plötzlich von der italienischen Armee überrascht und mit schwerer Artillerie beschossen worden sind. Viele von ihnen kamen sofort um, viele flüchteten genau über diesen Bacheinschnitt, dem auch ich gefolgt war, wurden getroffen oder stürzten über Felswände in den Tod. Nur wenigen gelang die Flucht in den sicheren Wald. Dies also war der Raum, den ich so deutlich spürte, der sich so dicht über die Landschaft spannte, gleich einem dichten, zähen ätherischen Gebilde aus Schrecken und

Schmerz, Verzweiflung und Furcht, Panik und Flucht. Die Gefühle von hunderten Soldaten hatten den Raum geschwängert und prägen ihn bis heute. Nur wenig konnte sich lösen, weil auch nur wenige Menschen diesen einsamen Gipfel betraten, auf den nicht einmal ein Wanderweg führt.

In den nächsten Jahren bestieg ich sämtliche Berge dieser Gruppe, ging auch den rückwärtigen Weg des damaligen Absturzweges hinauf und betrat einige Male den Raum dieser Angst. Aber irgendwie hat sich niemals die Gelegenheit ergeben, nochmals den Gipfel des *Monte Nero* zu besteigen. Dann plötzlich beschloss ich von einem Tag auf den anderen, genau heute den *Schwarzenberg*, wie er auf Deutsch genannt wird, zu begehen, und dies war zugleich eines meiner schönsten Bergerlebnisse, die ich in meinem ganzen bisherigen Leben erfahren durfte.

Es war ein sonniger Tag mitten im Sommer, als ich beschloss, eine Nacht in einem Biwak am Jof di Miezegnot zu verbringen. Keine Wolke war zu sehen und der Wind stand völlig still, als ich die Bergunterkunft erreicht hatte. Auch war kein anderer Wanderer zu sehen, nicht in der Nähe des Biwaks und auch auf keinem Gipfel der umliegenden Berge. Ich spürte, dass dieser Tag wie für mich geschaffen und modelliert worden war.

So ließ ich meinen Rucksack und die andere Ausrüstung in der Unterkunft zurück und ging den Wanderweg entlang, der auf den Gipfel des Miezegnot weiterführte. Von dort aus kam man in eine Einschneidung, von wo aus der markierte Weg hinunter in ein Schotterfeld führte, welches auch einen verletzten Raum beherbergte, welcher aber schon sehr oft durchschritten worden war und deshalb nicht mehr so dicht in der Landschaft zu spüren war. Von der Einschneidung aus führte ein verwachsener Kriegspfad durch dichte Latschen weiter. Der Steig wird heute kaum mehr begangen, außer von Leuten, die gierig und ohne Respekt nach

Kriegsrelikten suchen, die sie dann mit nach Hause nahmen, um diese dort Stolz zur Schau zu stellen. Dass solche Handlungen nichts in der Geschichte und in den Räumen lösen können, sondern diesen nur noch mehr verdichten, sei hier nur einmal am Rande erwähnt. Im Gegenteil, der verletzte Raum weitet sich so nur noch mehr und mehr aus. Der Steig führte vorbei an verfallenen Stellungen und dunklen Kavernen, weiter hinauf auf den langen Grat des *Monte Nero*.

Es war still und die Hitze der Sonne legte sich über den Gipfelgrat, als ich plötzlich erschrak und inmitten der Latschen einige Meter von mir eine weiße Bergziege erkannte. In ihrer Bewegungslosigkeit und Stille fügte sie sich ganz und gar in die Landschaft ein, als unsere Blicke sich trafen. Es war genau diese Stille und Verletzbarkeit in den Augen des Tieres, welche sich in jener Berglandschaft als Weisheit und Alter spiegelte.

Mit tiefem Respekt und mit Dankbarkeit, die sich in meinem Herzen als ruhige Freude zeigten, stieg ich weiter und weiter hoch, bis ich den höchsten Punkt des Grates erreichte. In einem weißen Felsen, der den Gipfel markierte, spürte ich den Fokus der Seele des Berges, die zur Sonne nach der Wärme griff und das Licht einatmete, welches den ganzen Berg mit all seinen Wesen, Steinen, Tieren und Pflanzen nährte und weiter in die Landschaft floss.

Ich setzte mich auf einen kleineren Felsen daneben und schaute hinunter in das Tal, erkannte den Einschnitt des Baches, welchem ich vor vielen Jahren voller Angst und Verzweiflung gefolgt war. Alles schien durchlichtet und durchstrahlt, durchwärmt und geöffnet. Das Wesen des Berges hatte sich aus seiner Umklammerung

Bild 14: Die Batognica. Hier wurde der gesamte Gipfel gesprengt. Im gesamten Bereich war eine starke Traumatisierung zu spüren. Gleichzeitig waren aber intensive Heilungs- und Erneuerungsprozesse wahrnehmbar.

erhoben, hatte den menschlichen Schleier abgeworfen und strahlte mit tiefster Weisheit und Reinheit durch mich hindurch und hinein in den endlosen Raum.

Durch meine Gedanken zogen, einem Nebel gleich, stille Bilder der Soldaten. Ich sah Menschen, die sich umarmten, sah Augen, die in ihrem Blick alles verziehen, erkannte Wesen, die tanzten, und Waffen, die brachen. In mir war Frieden entstanden, zwischen den Völkern, den Fronten und den Herzen. Und ich schaute hinüber entlang des Grates und erkannte die weiße Bergziege, welche still in der Landschaft stand und mich in die Ganzheit einbettete.

Und ich wusste: Genau diese Kräfte sind es, welche die Räume öffnen, welche die Gefühlsebenen heilen, welche die Erde und ihre Menschen darauf gesunden lassen. Es ist die Verbindung oder sozusagen die Rückkoppelung zwischen Mensch und Landschaft, die nur über die Stille des Herzens und im gegenwärtigen Augenblick erfolgen kann. Ohne etwas tun oder erreichen zu wollen, ohne etwas heilen oder harmonisieren zu wollen, ohne das Ego hervorzukehren. Es ist die Stille des Herzens und zugleich der gedankliche Rückzug, welche die Landschaft und von uns verletzte Räume wieder heilen kann. Und dies kann nicht im Wissen, sondern immer nur im Geschehen passieren, in der Stille und der Offenheit des Herzens.

Praktisches Erfahren

Verletzungen lösen

Der Mensch hat es sich zur Aufgabe gemacht, alles aus seinem Ego heilen zu wollen, alles zu verstehen und alles zu begreifen. Viele kennen das Gefühl, an einem Ort zu sein, der einem Unbehagen bereitet oder an dem man spürt, dass hier irgendetwas vorgefallen ist.

Versuchen wir, in diesen Orten nicht das Negative zu halten und diese nicht zu meiden, sondern gehen wir mit aller Liebe und Kraft in dieses Feld hinein und versuchen wir, hinter die Verletzungen zu schauen und dort das ursprünglich Wunderbare zu sehen. Mit jedem Ausatmen lassen wir die Energien los, und mit jedem Einatmen tauchen wir hinein in das Ursprüngliche des Ortes. Wir visualisieren, dass aus uns und aus dem Inneren des Raumes Licht flutet und den Schatten löst.

Kapitel 12

Das Wesen der Alpen

Vor vielen hunderten Jahren erkannten die Leute noch das Ätherische und Wesenhafte in den Pflanzen und den Steinen, sahen in Tieren ihre heilkundlichen Berater und verflochten ihr Wissen mit den Gesetzen der Natur.

Im Laufe der Geschichte musste alles Unsichtbare und Feinstoffliche dem Verstand und der Logik weichen, es wurde weggefegt und ausgelöscht und auf dem Scheiterhaufen verbrannt. Im Heute angekommen hat man die alten Weisheitslehren und das alte überlieferte Wissen wieder neu entdeckt, es aber in ein Eck gedrängt. Man hat ihm den Begriff der Esoterik übergestülpt, es mit Räucherstäbchenduft umhüllt und es so in den Augen vieler nicht nur denunziert und lächerlich gemacht, sondern auch sehr wirkungsvoll von vielen ferngehalten.

Natürlich hat sich gerade in den letzten Jahren viel getan, und immer mehr Menschen finden in den alten Lehren ihr Heil, geben in Vorträgen oder Seminaren ihr Wissen weiter oder finden Verlage, die ihre Bücher veröffentlichen. Trotzdem ist es für den Großteil der intellektuell Geschulten ein tiefgrauer Bereich geblieben, der weder Anerkennung findet noch Vertrauen weckt, blickt man auf die Schlagzeilen, die viele *unenergetische Energetiker* erzeugen, wenn sie mit ihrer angeblichen Hellsichtigkeit und Hellhörigkeit Karriere machen wollen und versuchen, sich an dem Leid und der Ausweglosigkeit der Hilfesuchenden zu bereichern. Aber wie wir wissen soll und darf alles so geschehen, wie es geschieht, und vielleicht finden schlussendlich tiefgreifende Veränderungen nur dadurch statt, indem man vorher sämtliche Grenzen hat ausloten dürfen. Der Weg des Menschen ist doch immer nur der Weg, der ihn zu sich selbst führt - und dadurch gleichzeitig in ein Verwobensein mit allem. Und wenn wir den Weg der Erde als Wesen zu erkennen versuchen, ist es nun auch immer mehr die Aufgabe der Erde selbst, diesen Weg konsequent zu gehen.

Das dreizehnte und abschließende Kapitel dieses Buch widmet sich genau diesem Thema: Landschaften und ganze Landschaftskomplexe als Wesen zu erkennen und ihren Aufbau zu erfahren. In dieser Erfahrung kommen wir dem ganzheitlichen Wesen der Erde wieder einen großen Schritt näher.

Wie schon Paracelsus und auch Leonardo da Vinci festgestellt haben, wurzelt alles in allem und der Makrokosmos ist ein Abbild des Mikrokosmos sowie umgekehrt. Um dies genauer zu veranschaulichen, gilt es, das zuvor Beschriebene in ein großes, mächtiges Landschaftsholon zusammenfließen zu lassen. Es gilt, das Feine und Ätherische in einem der mächtigsten Gebirgszüge der Erde zu suchen. Wir unternehmen also den Versuch, diesen riesengroßen Lebensraum als überdimensionales Wesen zu betrachten, ihn begreifbar zu machen - das Wesen der Alpen.

Gleich wie die Alpen ein Teil des Wesens der Erde sind, ist die Erde wiederum ein viel kleineres Wesen im Kosmos - gleich wie wir jede kleinste Zelle, jedes Haus, jede Stadt und jeden Berg als in sich geschlossenen Lebensraum und damit als eine in sich funktionierende Einheit erkennen können. Es sind Holone, die sich wie Seifenblasen aneinanderketten, die aber auch isoliert in der Landschaft stehen können oder sich wie Kreise ineinander verschneiden. In diesem Bild können wir auch Kontinente oder ganze Gebirgszüge wie die Alpen betrachten und sie damit als Individuum erkennbar machen. Wenn wir, wie zuvor beschrieben, einen Berg als Herzzentrum wahrnehmen, kann natürlich die berechtigte Frage aufkommen, von welchem Gebiet dieser Berg das Herzzentrum ist. Und wenn dies der bezeichnete Herzraum einer Landschaft ist, wo ist dann der Solarplexus oder das Wurzelzentrum? Welche Größe umfasst dieses Holon überhaupt, wo fängt es an, wo hört es auf bzw. wo sind die Grenzen, die Membranen, die Überschneidungen?

Dieses Zusammenspiel und auch Zusammenleben der einzelnen Segmente und Manifestationen ist Thema dieses Kapitels. Genauso hätte man auch andere, kleinere Gebirgszüge auswählen können, wie zum Beispiel die Walliser Alpen oder die Hohen Tauern. Man hätte auch die Energiezentren einzelner Länder beschreiben können, um diese dann in einem einzelnen Länderholon, wie zum Beispiel dem der Schweiz, zu definieren. Oder man hätte das Wesenhafte in einem Kontinent suchen können, wie das Wesen Europas zwischen seinem Wurzelzentrum in Griechenland und seinem Kronenzentrum in Island.

Der Schwerpunkt dieses Buches liegt aber im Wesen der Berge, und so widmen wir uns nun voll und ganz den Alpen, dieser gewaltigen Gebirgskette, die sich mitten durch Europa zieht und uns vielleicht älter als die Erde selbst erscheinen mag. So viele verschiedene Kulturen und Völker die Alpen beheimaten, so viel Geschichte haben sie zu tragen und so viele Sagen und Mythen wurden im Schatten ihrer Berge geschrieben. Es geht um das Wesen der Alpen als Einheit, als große Mutter ihrer unterschiedlichsten Völker und Sprachen, ihrer Kulturen, ihrer Menschen.

In den Kapiteln zuvor haben wir die einzelnen Zentren beschrieben und deren Funktionen sowie die energetischen Prinzipien in der Landschaft erklärt. Polaritäten haben sich darin mit Elementen verbunden und eine Einheit erkennbar gemacht. Es wurden auch die materiellen, sozusagen organischen Schichten eines Berges geöffnet und in Wälder, Almen, Pfeiler und Grate übersetzt. Auf den Gipfeln waren die ätherischen Welten zu spüren und im Tal das Körperliche. Alles war aber in gewissen Maßen überschaubar, auch wenn unser Verstand vieles nicht fassen und hinterfragen kann. Nun gilt es, den Fokus zu vergrößern. Sich von der Betrachtung einzelner überschaubarer Gebiete zu lösen und in einen Raum einzutauchen, der nur aus einem sehr, sehr fernen Abstand oder überhaupt nur über Landkarten wahrnehmbar ist.

Aus dieser entfernten Perspektive zeigen sich die Alpen als fließende Form, die sich mäanderförmig durch Mitteleuropa zieht. Einer sanften Welle gleich bewegen sich die Gebirgslandschaften der Alpen von der Küste der Adria über Slowenien, Österreich, Deutschland und Italien, bäumen sich über der Schweiz auf und brechen als höchste Erhebung im Osten Frankreichs ab, wo sie dann sanft im Küstengebiet verlaufen und sich im Ligurischen Meer verlieren. Diese fließende und zugleich tobende Gestalt sind die Alpen. Schroff, brachial und alles aus dem Weg räumend, so bewegen sie sich mit ihren Gletschern Jahrhundert um Jahrhundert durch den Kontinent und geben ihm die Gestalt, das Gerüst und das Gerippe. Gleichsam sanft aber offenbaren sie sich in saftigen Wiesen, fruchtbaren Tälern und auf lichtdurchstrahlten Gipfeln. Sie sind Körper und Geist, Nerven und Knochen, Blut und Lymphe. Sie sind Seele und Seelenraum und haben die Menschen zu dem gemacht, zu dem geformt, was sie heute sind.

All diese zuvor beschriebenen Attribute finden wir in den Völkern der Alpen, in ihren Sagen, Riten und Bräuchen und in der Geschichte wieder. Den Menschen haben sie streng erzogen, ihn unterworfen, ihn dadurch bescheiden gemacht und ihn reifen lassen. Die Alpenvölker haben sich anpassen, sich an dem mächtigen Wesen orientieren müssen. Sie haben keine andere Möglichkeit gehabt, keine andere Aufgabe finden können. Und trotzdem wollten sie die Alpen bezwingen, unterwerfen, sie sich untertan machen. Staudämme wurden gebaut, Kriege ausgetragen, ganze Berge gesprengt, Wälder gerodet und uralte Naturgesetze missachtet. Mit Blut wurden Grenzen gezogen, in Kriegen ganze Landschaftsholone mit Angst und Wahnsinn durchtränkt. Uralte Lebensräume mussten riesigen Hotelanlagen und Lifttrassen weichen. So vieles haben die Menschen verursacht, welches noch immer in den Bergen und Tälern schwingt und welches noch immer das Wesen der Alpen verstört. Doch so uralt sie auch sind, so weise sind sie auch, und sie kennen den Weg der Erde und den der Menschenvölker ganz genau. Gemeißelt steht er in ihren Pfeilern und Türmen, verwachsen in Wäldern und Weiden. So haben sie auch Grenzen aufgezeigt und Lawinen ins Tal brechen lassen, die ganze Dörfer verschütteten. Riesige Felswände sind gebrochen, die vernichtend ins Tal stürzten, Schluchten taten sich auf und Sturmmeere, die alles Sichtbare verschlangen.

Die Alpen sind ein Wesen, das seinen Völkern in den Tälern seiner Berge anbietet, sich in ihrem Schatten zu erfahren, sich zu erproben, sich zu erkennen, um am Ende der Reise bewusst und gewahr zu werden, was wirklich die Aufgabe ist. Tief im Herzen aber spüren es die Menschen ohnehin schon immer, wissen um das Feine und Wesenhafte und tragen die Geschichten und Sagen, Mythen und Legenden in ihrem Herzen. Sie kennen die Saligen, die weisen Frauen, wissen von dem wilden Riesen oben am Berg, von den algenverwachsenen Wassermännern im tiefverborgenen Waldsee und von den gerissenen Zwergen, die die Schätze der Alpen bewahren. Weiße Gemsen mit goldenen Hörnern und Adler mit riesigen Flügeln haben diese Sagen von den Gipfeln zu den Menschen ins Tal getragen. Elfen und Hexen haben die Geschichten erzählt. Darin sollen wir das Wahrhaftige erkennen, unsere Verbundenheit spüren, unsere Liebe und Demut zur Landschaft finden.

Und gleichzeitig sollen wir die Gestalt und das Wesen der Alpen erkennen, darin einzutauchen, ihre Gefühle erfahren, ihre Gedanken lesen, um zu spüren, dass wir gleichsam darin verwoben sind.

Die Alpen sind Raum und Grenze, Wirklichkeit und Surreales, Geheimnis und Offenbarung. Und so tauchen wir weiter ein, hindurch durch diese zweischichtige und doppelgesichtige Gestalt von Yin und Yang, um dahinter den Drachen zu sehen, den Alpensalamander, der so alt ist, dass er bereits vor der Entstehung der Polaritäten und Elemente in den Alpen sein Zuhause gehabt haben könnte. Wenn wir die Karte drehen, diese sozusagen auf den Kopf stellen, offenbart sich diese Urgestalt des Drachenähnlichen. Als Feuerwesen sind sie uns in den Sagen und Mythen überliefert worden. Als Tiere einer anderen Zeit und als Wesen, die die elementaren Kräfte der Erde verkörpern. Und so wusste auch der Mensch der Neuzeit, der Zivilisierte, der Gläubige wieder nichts anderes, als sie zu bekämpfen, sie mit Rüstung und Lanze zu jagen und sie zu vernichten, das Urwesen zu zerstören, das Einssein der Landschaft, um aus der Drachenhaut Gold zu gerben.

Der Drache trägt also das Element Feuer in sich, und in diesem Element können wir auch die Alpen sehen. Wie wir in dem Kapitel über die Elemente erfahren haben, ist das Feuerelement das bewegteste, aktivste, welches im absoluten Yang verankert ist. In dieser Energie findet die Transformation und die Wandlung statt. Es ist der Impuls, der die Welt in der Bewegung hält und dadurch Wachstum hervorbringt. Erkennen wir nun die Alpen als geprägt von diesem Element, so können wir diesen Gebirgszug als Herzzentrum der Erde sehen, während wir im Vergleich die Wurzelenergie der Erde in den Anden spüren und im Gegensatz dazu das Kronenchakra dem Himalayagebirge zuordnen. So ist alles in allem erkennbar, und in allem spiegelt sich das Größere.

Gehen wir aber wieder zurück zum Feuer der Alpen, zum "Alpenglühen". Das Wesen dieses Gebirgszuges ist durchdrungen von einem intensiven Pochen, vom Herzschlag der Alpen. Sie glühen vor Energie und tragen dieses Feuer weit hinaus in die Welt.

Betrachten wir die Alpen weiterhin aus dem Herzen und nicht über den Verstand, so können wir wahrnehmen, wo sie sich in unterschiedlichen energetischen Ausrichtungen manifestieren, wo ganze Völker in ihren verschiedenen Tälern sich unterschiedlich entwickelt haben, wo die Aura der Landschaft individuell ihre Seelen färbte. Wo liegt die Wurzelkraft des Drachens, wo offenbart sich sein Geist, wo ist der Sitz seiner Gefühle und wo der seiner Spiritualität? Wo ist sein Kreuzbein, wo seine Lungen, wo der Magen und wo die Nieren? Verweben wir also jetzt die verschiedenen Ebenen, die Seinszustände, und suchen den Körper, den Geist und die Seele der Alpen. Kein absolutes Bild soll hierbei gezeichnet und keine Listen sollen geschrieben werden. Wir suchen dabei nicht nach Kraftzentren oder Heilstätten, wohin es sich vielleicht lohnen würde, einen Ausflug zu machen, um die dort ansässige Kraft zu tanken. Wir versuchen einfach, eine Offenheit entstehen zu lassen, uns wegtragen zu lassen von den vorgefertigten Bildern und Ideen, die uns ja scheinbar stets sicher die Welt erklären.

Wenn wir uns also die Offenheit gönnen, eigene Bilder entstehen zu lassen, so wird sich auch die Erkenntnis zeigen, dass sich innerhalb der Wesensschicht der Alpen nichts abgegrenzt erklären lässt, dass nichts vorgefasst intellektuell beschrieben werden kann. Wenn es Menschen gibt, die behaupten, das Zentrum sei hier, nicht da, so ist diese Weise gleichermaßen gut, weil dadurch eine Freiheit im Entstehen ist, die die meisten Menschen noch nicht greifen können. Nämlich die Freiheit, in sich selbst Gedanken zu erzeugen, selbst Richtungen zu gehen, die zuvor noch nicht gegangen worden sind. Die Freiheit, neue Ebenen zu ertasten und sich zu entfernen von einem System der vorgedachten Welten. Darin besteht auch die Notwendigkeit, wenn wir andere Mechanismen erzeugen wollen, die uns von den alten abgrenzen. Demnach ist nichts absolut und es kann und will auch nichts absolut sein, dies ist die einzige Realität - wenn man in diesem Bereich überhaupt noch von Realität sprechen kann. Und in dieser Freiheit gilt es nicht nur, die Welt und die Natur zu erkennen, sondern im höchsten Maße sich selbst. Was ich damit ausdrücken möchte, ist, dass sich die Energiezentren und Körperebenen nur begrenzt beschreiben lassen. Zu unterschiedlich sind die Gebirgsketten und die ihrer einzelnen Berge und Hügel, ihrer Täler und Wälder. Lassen wir uns somit von unserem Gefühl leiten, wenn wir nun über die Alpen streifen und in den Kantonen, Bundesländern oder Gebirgsketten die verschiedenen energetischen Manifestationen der Alpen zu erkennen versuchen. Es ist eine persönliche Wahrnehmung aus der Sicht meines Herzens, die mit den Sagen und Mythen der Alpen in Verbindung steht und sich auch aus tiefen Wahrnehmungen in eine geomantische Sichtweise einfügt.

Beginnen wir also beim ersten Zentrum, beim Wurzelzentrum. Es ist das Steißbein der Alpen, das Geschlechtsorgan und die Kraft der Stabilität, die direkt aus der Erde und ihrer Meere kommt. Aus der Adria steigt sie empor, materialisiert sich langsam in den südlichen Julischen und in den Friulanischen Alpen, kommt dann im Wocheiner See nochmals zum Ruhen, sammelt sich dort und drückt sich im weiteren Entstehen als höchster Berg der Slowenen, im Triglav, körperlich aus. Die weisen Frauen, die Saligen, aus dem Komna-Tal brachten der Sage nach die dortige Kraft zum Ausdruck, indem sie den Frauen des Tales bei der Geburt ihrer Kinder geholfen haben. Man kann die Saligen aus dem Komna-Tal, diese mythologischen Gestalten, als Hebammen dieser Kraft verstehen, als Landschaftsgöttinnen, welche die Alpen gebären, sie aus dem Uterus der Erde holen und in die

Landschaft einfließen lassen. Diese Urkraft der Alpen ist auch im Mangart und in der Skrlatica, der Frau des Triglavs, stark manifest. Sie sind Teile der Wurzelkraft der Alpen, welche sich auch über die Steiner Alpen und die Karawanken ergießt.

Nun fließt diese sehr niederfrequente, fast körperliche Kraft dieser Gebirgsketten weiter, sensibilisiert sich langsam, wird feiner, bringt dort die sanften und magischen Nockberge zum Ausdruck, strömt weiter über die Niederen Tauern, wird ausdrucksstärker und kommt dann im nördlichsten Teil der Alpen als Manifestation des zweiten Zentrums zum Ausdruck. Dieses Zentrum ist das Sakralzentrum der Alpen. Hier ist die Lebensfreude und Schaffenskraft verankert, aber auch die Sinnlichkeit und das Vertrauengebende. Vom Dachstein über das Tennengebirge bis hin zum Steinernen Meer ist der Gefühlsraum der Alpen. Dort ist das Wasserelement erkennbar. Dort sind die Nieren, der Unterbauch, das Feine und Sensible der Alpen. Das zeigt sich auch in der zart gewebten Seenlandschaft des Traunsees, Attersees, Mondsees und Wolfgangsees rund um den Schafsberg. Weiter geht es über das Dachsteinmassiv und den kraftvollen, geheimnisumwobenen Untersberg bis hin zum Königssee mit seinem mächtigen Watzmann, überall ist diese verträumte Landschaft spürbar. Der Watzmann bildet mit dem Dachstein die markanteste Erscheinung dieses Zentrums. Wohl sonst kein Gebiet in den Alpen ist mit so vielen Sagen von Elementarwesen, Zwergen, Riesen und ihren geheimnisvollen Grotten und Höhlen bekannt und umschrieben worden wie dieses Gebiet rund um das Salzkammergut und das Steinerne Meer bei Berchtesgaden.

Von hier aus geht es steil empor, sozusagen vom Beckenraum der Alpen hinein in den Bauchraum, in die Verdauungsorgane, in den Solarplexus, in das Persönlichkeitszentrum. Dieses gilt als Zentrum der Mitte, aus dem die solare Kraft wie eine Sonne hinaus in den gesamten Landschaftsraum strahlt und in dem sich

Macht, Stärke und Mitgefühl die Waage halten. Den Hohen Tauern steil empor bis zu seinem höchsten Vertreter, dem Großglockner, seiner Frau, bis zur Hochalmspitze und dem Großvenediger - dort liegt der Hauptfokus dieses Zentrums. Hier sprudelt die Quelle der Lebensenergie und ergießt sich über alle Gebirgszüge und Täler und nährt die Pflanzen, die Tiere und die Menschen. Der Großglockner als inneres Zentrum des Solarplexus ist auch zugleich ein Verbindungspunkt zu anderen Gebirgszügen der Erde. Er gilt als Zentrum der Alpen und wird auch in der tibetischen Kultur als solches erkannt. Demnach reist alljährlich auch eine buddhistische Gefolgschaft an, um diesen Landschaftsraum zu besuchen. Sie sehen im Großglockner den Bruderberg des Kailash, des Heiligen Berges der Tibeter. Der Kailash selbst ist wieder als Solarplexus des Himalayagebirges spürbar und somit das Zentrum der Sonnenachse in der spirituellen Landschaft von Tibet, Nepal und Indien. Das Solarplexus-Zentrum der Alpen reicht aber weiter über die Karnischen Alpen und über die wunderbaren Berge der Dolomiten mit ihren kraftvollen Drei Zinnen, die in ihren Gestalten Weisheit, Macht und Liebe in der Landschaft definieren.

Dann schlägt die Frequenz wieder höher - empor zum Herzen der Alpen, welches wir in Tirol in der Ortlergruppe, in den Ötztaler und Zillertaler Alpen finden und wahrnehmen können. Der Tiroler, ob nördlich oder südlich des Brenners, ist der Alpenbewohner schlechthin. In ihm pocht das Blut der Alpen, in ihm manifestiert sich die Liebe der Berge, er ist wie aus ihnen gemacht. Hier ist die Wiege des Bergsteigens, des Alpinsports. Kein anderes Volk versteht es besser, diese Leidenschaft in die Welt hinauszutragen, aus keiner Landschaft kommen so viele hochrangige Bergsteiger wie aus diesem Gebiet. Das Herz der Alpen pocht in den Bergen Tirols, fokussiert sich rund um den Heiligen Berg der weißen Göttin Ana, den Similaun in den Ötztaler Alpen. Zugleich verbindet dieser die Länder Österreich und Italien. Aus unmittelbarer Nähe stammt auch der bekannteste Vertreter der Alpen, der Ötzi.

Der Similaun-Gletscher ist der Sitz einer großen Landschaftsgöttin, die schon in den alten Tiroler Sagen umschrieben worden ist. Sie trägt die Herzenskraft in sich und hat die Aufgabe, die Kraft der umliegenden Berge zu speichern und sie über ihr Herz wieder in die Landschaft auszustrahlen. Alles mit allem in Verbindung zu bringen. Rund um dieses Zentrum findet man auch eine intensive Dichte an Kultplätzen, stillen Kirchlein und magischen Stätten der Heilkraft, so viele wie in kaum einem anderen Teil der Alpen. Alle Kulturen, von den Kelten bis hinein in das Christentum, kannten diese Orte. Das Herz der Alpen verbindet also den Kopf mit dem Bauch, die unteren drei Zentren mit den oberen dreien. Es verbindet Kosmos und Erde, Yin und Yang und trägt diese Qualität, einem Blutkreislauf gleich, in die West- sowie in die Ostalpen hinaus.

Vom Herzen geht es wieder höher hinauf zum Halszentrum, zum Kehlkopf der Alpen, wo die Bergwelt bald die Viertausend-Meter-Marke überschreitet. Wir sind im Kopfbereich der Alpen angekommen, im Sprachzentrum, im Ort der Kommunikation. Wie einfach und stimmig ist diesbezüglich auch der Vergleich, dass sich hier verschiedene Sprachgruppen, verschiedene Kulturen, verschiedenste Völker treffen und gelernt haben, miteinander zu kommunizieren. Diese Qualität wird über das Kehlkopfzentrum weitergetragen.

Der Kopf der Alpen ist die Schweiz und die Berninagruppe mit dem Piz Palü, er repräsentiert die Stimmbänder der Alpen. Gedanken werden hier weitergetragen, der Klang und die Musikalität, die Stimme und der Geist. Je höher die Berge werden, desto feiner und ätherischer werden ihre Energien. Man ist dem Kosmos näher als der Erde. Das Kehlkopfzentrum ist sozusagen der Ausgangspunkt einer spirituellen, feinen Energie, welche im Kronenzentrum ihren Ausdruck findet. Das Kommunikationszentrum reicht von der Berninagruppe mit dem darin verwobenen Piz Palü bis hinunter zum Como-See und in die Glarner-Alpen. Es ist Sitz aller Sprachgruppen und der vielfältigsten Kulturen. Vom Kehlkopf der Alpen kommen wir nun endgültig in den Kopfbereich und zugleich in das Gebiet, das die Viertausend-Meter-Marke überschreitet. Das Dritte Auge oder das Stirnzentrum der Alpen bilden die Berner Alpen. In diesem Gebiet um die sagenumwobenen Berge Jungfrau, Eiger und Mönch ist das Zentrum der Intuition, die Hypophyse der Alpen. Aus der inneren Weisheit und der Selbsterkenntnis, die hier fokussiert sind, wandelt sich die Energie langsam in ein höheres Verständnis der Spiritualität. Von hier aus geht eine starke Konzentration aus, welche die Gedanken klärt, den Geist schärft und den meditativen Zustand nährt, welche die Verbindung schafft zwischen der groben, stofflichen Welt und der geistigen, feinstofflichen. Dieses Gebiet mit dem höchsten Berg, dem Finseraarhorn mit 4.274 hm, bildet den Übergang zum nächsten Zentrum. Von hier aus transformiert sich die Energie von Kalkgestein in Kristallin. Beide Gesteinsschichten überlagern sich in der Jungfrau und bilden dort den Mittelpunkt des Dritten Auges. Es ist so, als blicke man durch ein Fenster von einer festen und stofflichen Welt hinein in eine Welt aus Äther.

Weiter geht es über die Stirn der Alpen, die Walliser Alpen, und wir kommen zu den höchsten Erhebungen und kosmisch kraftvollsten Bergen: Über das Matterhorn mit seinem Muttergletscher gelangen wir zur höchsten Erhebung der Schweiz, der Darfourspitze, und von dort zum Weißen Berg, dem Mount Blanc. Hier wird das weiße Licht des Kosmos am breiten Schädeldach des Berges empfangen und ergießt sich über den gesamten Bereich der Alpen vom Ligurischen Meer bis hin zur Adria. Er ist der höchste Berg der Alpen und in seinem Umfeld, sowohl in den Walliser Alpen als auch in den Grayischen Alpen, ist das

Kronen- oder Scheitelzentrum der Alpen verankert. Diese subtile und lichtgeprägte Kraft des Weißen Berges fließt dann weiter über die Dauphiné Alpen und die Cottischen Alpen und verbindet sich dort mit dem Meer, der Urkraft des Erdwesens.

Alle sieben Kraftzentren der Alpen stehen miteinander in Verbindung und können niemals als voneinander isolierte Einheiten betrachtet werden. Auch gibt es viele andere Gebiete und Gebirgszüge, die nicht den sieben Zentren zugeordnet werden, aber genauso wichtig in Erscheinung treten. Die Seen der Alpen sind zum Beispiel die Yin-Fokusse der Berge, in denen die Energie wie ein Speicher bewahrt wird, und sie sind im gleichen Maße unerlässlich wie die Spitzen der Berge, die als Yang-Fokusse wirken. So gibt es auch andere kraftvolle Orte, die außerhalb der Zentren liegen. Orte, an denen sich kosmische und irdische Kräfte treffen, oder Berge, auf denen sich Leylinien kreuzen, Kantone, die gleichzeitig von der Herzenswärme und der solaren Persönlichkeit genährt werden. Jeder Ort, jedes Gebiet hat seine persönliche Geschichte, hat seine Kultorte und hat oftmals eine höhere Bedeutung für den Menschen dort als der Großglockner, der Watzmann, die Jungfrau oder der Mount Blanc. Wir dürfen nicht in Versuchung kommen, hier eine Wertung aufzustellen, die uns in Versuchung bringen könnte, nur den größten Bergen und tiefsten Seen unsere Leidenschaft, unsere Zuneigung zu schenken. Die Beschreibung der Kraftzentren soll also lediglich als Übersicht dienen, wie verbunden und in Einheit alles auf der Erde ist, ob Gebirgszug oder Hügel, ob Bergquelle oder Strom. Und wie alles miteinander in einem stetigen Austausch steht, fließt, strömt, sich manifestiert, sich äußert, schweigt und denkt, stirbt und sich wieder neu kreiert.

Bild 15: Der Similaun-Gletscher, Fundort des Ötzis. In Tirol in den Ötztaler Alpen zeigt sich mir das Herzzentrum der Alpen.

15

Die Alpen sind also als völlige Einheit zu betrachten, die in den Ländern, Landschaften und Menschen unterschiedliche Farben, Töne und Qualitäten hervorbringt, die uns wiederum in Sagen oder Mythen überliefert worden sind. Und so wie der Mensch Teil der Alpen ist, so sind die Alpen Teil der Erde und die Erde ein Teil des Kosmos. Genauso ist der Mensch mit allen Ebenen und Elementen seines Wesens in Verbindung. Nur im Erkennen dieser Ganzheit kann Wachstum entstehen, das der Erde und ihren Völkern Frieden bringt.

Praktisches Erfahren

Die Alpen spüren

In dieser Übung können wir versuchen, in das Wesen der Alpen einzutauchen. Wir suchen uns einen guten Platz, kommen zur Stille und lauschen. Wir achten auf alles in unserem Umfeld. Wir hören den Wind, spüren die Sonne, den Wind. Wir empfinden unseren Körper und seine Schwere und die Verbundenheit zum Boden. Nun lassen wir geistig einen Gebirgszug entstehen und versuchen, darin die Berge der Alpen zu erkennen. Wir reisen von der Adria in die Urkraft der Alpen, weiter in den Norden in den Gefühlsraum, dann wieder südwestlich hinunter in das Persönlichkeitszentrum, westlich hinein in das Alpenherz, weiter in den Sprachraum und steil empor zum Kopf des Drachen, in das Dritte Auge und seine Kopfspitze. Überall versuchen wir, die dortige Qualität zu spüren, sie mit uns in Verbindung zu bringen. Es ist völlig unwichtig, welche Berge oder Gebirgsgruppen dies sind. Wir lassen einfach los von dem Wollen und lassen uns tragen von dem großen Alpensalamander. Er hat einiges zu erzählen. ☺

Kapitel 13

Die Berge und ihre Menschen

Als die Erde geboren wurde und sie die Berge als ersten Ausdruck ihrer unendlichen Kraft aus einem Zusammenspiel ihrer inneren und äußeren Schichten auffaltete, sie aus dem Feuer ihres Herzens und der Tiefe ihrer Meere hob, gab es noch kein weiteres manifestes Leben auf dem Planeten. Erst als die Erde zu atmen begann und sich Sauerstoff in und um ihren Körper bildete, entfalteten sich auch nach und nach weitere vitale Prozesse. Zwischen den scheinbar toten Gebirgen entwickelten sich in den Tiefen ihrer undurchdringbaren Meere die ersten Pflanzen, meist aus nur einer Zelle geschaffen. Und so wie ein Neugeborenes immer tiefer atmet und den Äther in sich aufnimmt, so atmete auch die Erde immer tiefer und tiefer in ihren Unterleib ein und schwängerte somit ihre Meere mit dem kostbaren Element. Einer Geburt gleich, die in der Wissenschaft als kambrische Explosion umschrieben wird, entwickelten sich neue Lebensformen, bunter und vielfältiger werdend. Aus Algen wurden Pilze und aus Pilzen wurden Tiere, welche nach und nach aus der Fruchtblase der Meere entwuchsen, ihnen entstiegen und sich schlussendlich zutrauten, auch außerhalb ihres schützenden wässrigen Elements Atem und Leben zu finden.

Und so bekamen die ältesten Wesen der Erde, die Steine und Berge, Farben, Formen und neue Strukturen. Aus dem Gemisch der vier Elemente über dem Wasser definierten sich die Pflanzen, wundersame Pilze entwuchsen dem Laub sowie der Erde und aus den Tieren entwickelte sich langsam der erste Mensch. Sie sammelten sich zuerst in wilden Herden und bildeten daraus Stämme und im weiteren Verlauf Völker. Immer besser konnten sie in der Welt der vier Elemente leben. Sie übten sich darin, diese handzuhaben, zu vermischen und immer wieder neue Erfahrungen daraus zu ziehen. Man baute aus Holz und Lehm, schmiedete aus Feuer und Metall und entwickelte sich weiter und weiter. Die Menschen erkannten, dass die Berge, die Bäume, Pflanzen, Steine, die Quellen und all die Tiere, in deren Welt sie lebten, ihre besten Lehrer waren und zugleich der Spiegel ihrer eigenen Körper. Die Jahreszeiten entwickelten sich intensiv und zogen die Völker in ihre nicht zu bändigenden Kräfte aus Kälte und Eis, Feuer und Asche, Stürmen und Sintfluten. Man musste Erfindergeist entwickeln, um in dieser archaischen Welt überleben, sich schützen, sich wärmen und vor allen Dingen sich ernähren zu können, und so entwickelte sich neben den Widerstandskräften der Menschen auch langsam eine natürliche Ehrfurcht und daraus eine Demut der Natur und der Erde gegenüber, die den Völkern Kleidung, Nahrung und Herberge bot. Aus dieser Ehrfurcht und dem Respekt heraus entwickelte sich auch die erste Urspiritualität, die in allen Dingen jene Urkraft der Schöpfung erblickte und darin vielleicht das erste Mal das Göttliche erkannte. Und in der weiteren Entwicklung der Völker und Kulturen gab es Menschen, die diese Urkraft kultivierten und lehrten, die darüber diskutierten und sie erforschten, die darüber philosophierten und vergleichende Lehren studierten. Dies waren die ersten Schamanen und Hexen, die Druiden und die weisen Frauen, die alle die Urpriesterschaft der Erde bildeten. Daneben gab es Jäger und Bäuerinnen, die aus der Erde Nahrung schöpften, um ihr Volk bei physischen Kräften zu halten. Und gleichzeitig gab es Menschen, die all dieses Nährende beschützen und verteidigen wollten, dies waren die Krieger und Amazonen, und die Stärksten unter ihnen wurden ihre Stammesführer.

Unsere Urvölker, die Kelten und Germanen, lebten, würde man heute Vergleiche mit unserer Zivilisation ziehen, wohl zutiefst rau und wild, aber sie lebten in dem jeweiligen Holon frei und im Einklang mit der Natur, woraus sich nach und nach eine Kultur und eine Urreligion entwickelte.

Die Weisen erkannten die Kräfte und die Energien ihrer Orte, und in den ältesten Naturerscheinungen, in alten Bäumen und Steinen zum Beispiel, sahen sie eine intensivere Ausstrahlung der Urschöpfung. Diese Orte wurden als heilige Orte definiert, sie werden bis in die heutige Gegenwart als Kraftplätze umschrieben und oft nicht minder verehrt als zur damaligen Zeit. Die stärkste Kraft erkannten jene Weisen in den ältesten Wesen der Erde, in den Steinen und den Bergen. Die Berge, so schien es, waren Gott am nächsten und waren der direkte Ausdruck seiner Schöpferkraft. Sie sprachen in ihrer Vielfältigkeit, ihrer Sanftheit und Schroffheit, in ihrer nährenden und in ihrer abweisenden Art. Sie galten als das Spiegelbild Gottes.

Wie sich dies in der Geschichte eines Volkes gezeigt hat, habe ich im Kapitel "Berge außerhalb ihrer Kraft" kurz erwähnt, in dem ich einen keltischen Stamm in meiner Umgebung beschrieben habe, der die Kräfte der Natur bzw. der Berge manipulativ bzw. aus einem Ego heraus benutzt haben könnte. An dieser Stelle aber möchte ich erzählen, wie wunderbar auch diese und ähnliche Stämme überall in Europa und wohl in der gesamten Welt mit den Kräften der Natur in Einklang lebten, was ihren Völkern Reichtum und Macht im positivem Sinne brachte.

Wenn wir heute von Kelten oder Germanen oder den sogenannten Heiden hören, haben wir sofort Bilder vor Augen, die uns durch Rohheit und Wildheit abschrecken oder an Bestialität erinnern. Wir wollen nicht daran glauben, dass genau jene Völker unsere Urahnen repräsentieren und wir ihr genetisches Erbe sind. Natürlich können wir diese Völker nicht mit unserer heutigen Zivilisiertheit und Angepasstheit, unserer Bildung und unserer Ethik vergleichen. Aber gleichsam schwierig gestaltet sich hier eine Wertung, wenn wir selbst in unseren Alltag blicken, der oft aus Hass, Fremdenfeindlichkeit und Gewalt gemacht ist. Auch gerade deshalb bin ich davon überzeugt, dass wir wieder von diesen vergangenen Völkern lernen können, wenn es darum geht, Respekt zu entwickeln vor der Natur, ihren Tieren und Pflanzen und vor der grenzenlosen Macht unserer Berge, die im Zentrum dieses Buches stehen.

Mein hier beschriebenes Volk lebte im heutigen südlichen Österreich, in der Nähe des Dreiländerecks aus Italien, Slowenien und Österreich. Der Dobratsch, ein majestätischer Berg, der heute wie damals als Herzzentrum weit in die Landschaft strahlt, war in ihrem Holon der mächtigste. Sie lebten in seiner Aura und waren meist friedfertige Bauern, Jäger und Sammler, die in der Güte des Berges - Dobratsch bedeutet *der Gute Berg* - Nahrung und Herberge fanden. Sie lebten in Hütten aus Stroh, Lehm und Holz und bauten Getreide, Hülsenfrüchte und Gemüse an. Manche waren Jäger, manche Sammler und manche wiederum beherrschten die hohe Kunst des Schmiedens, was archäologische Funde beweisen. Sie stellten aus Eisen Schmuck, Gebrauchsgegenstände, aber auch Helme, Rüstungen und Schwerter her. Einige von ihnen waren Krieger und waren ausgebildet in einer hohen Kunst des Kampfes, was die Qualität der Funde beweist. Zum Beispiel fand man bei den Ausgrabungen einen kunstvoll geschmiedeten Helm mit einer Gravur, welche eine Pflanze zeigt, die langsam in die Form eines Drachens übergeht und als Zeichen ihrer Naturverbundenheit und ihrer Religion zu deuten ist.

Die Siedlungen waren stets versteckt und blieben dadurch Ortsunkundigen verborgen. Oft auf höheren Ebenen gebaut, auf

Hochwiesen und in Wäldern, boten sie Schutz vor Durchziehenden und Feinden, die oft der Hunger aus ihrem Gebiet getrieben hatte und die häufig plündernd durch das Land gezogen sind. Man weiß aber auch von einer Überlegenheit jenes Volkes, was die Qualität der Funde beweist, und so lebte man ein halbwegs friedvolles Leben.

Stammesfürsten wurden für eine gewisse Zeitperiode gewählt, ähnlich den heutigen Bürgermeistern. An die Seite jedes Stammesfürsten gesellte sich ein Druide oder ein Schamane, der den Führer mit Weisheit und Spiritualität beriet und oft mächtiger war als der Anführer selbst. Druiden, Schamanen und Barden waren ein wesentlicher Bestandteil der germanischen und keltischen Kultur und werden in jeder der wenigen schriftlichen Überlieferung auch genau benannt. Während im Norden, speziell in Großbritannien, noch der ätherisch scheinende, weiß gewandete Druide von Bekanntheit war, war es in den südlicheren Gebieten eher der raue, graubärtige Schamane, der sich oft mit Wolfs- oder Bärenfellen umhüllte, um seine Verbundenheit mit der Tierwelt zu verdeutlichen. Sie waren die Träger der Urkraft innerhalb ihres Volkes und repräsentierten die Macht der Natur oder ihrer Götter. Schriftliche Überlieferungen gab es keine, der alte Meister übertrug das Wissen stets mündlich auf den Schüler, so dass kein Missbrauch damit betrieben werden konnte. Der Druide wählte aus dem Volk würdige Schüler aus, die sieben bis zwölf Jahre im Wald oder in der freien Natur zu leben hatten. Denn nur in dieser absoluten Verbindung konnten sie die reine Lehre der Natur und die ihr innewohnenden Kräfte studieren. In ihren schützenden heiligen Hainen lehrten die Druiden ihre Schüler dann die Sprache der Elemente, sie kommunizierten mit Pflanzen, Bäumen und Naturwesen und lernten von den Kräften der Erde und der Berge. Sie öffneten die Zeit, drangen vor in die Zukunft und schritten allwissend zurück in die Vergangenheit.

Sie waren Gelehrte der Astronomie und wussten von der Bedeutung der Sterne, der Himmelsrichtungen und des Kosmos. Sie schufen Kalendarien, die mittels exakt positionierter Steine durch den Einfall des Sonnen- und des Mondlichtes genau die Zeit berechneten. Ihre Sicht erkannte die Bedeutung von Krafttieren und Elementarwesen, die es den Seelen der Menschen ermöglichten, auf der Erde zu wandeln.

Nach diesen Jahren des Studiums und der Selbsterforschung kehrte der Schüler heim und war bereit, die Nachfolge anzutreten, sollte der alte Druide die stofflichen Sphären verlassen. So strahlten die Druiden und Schamanen auch die Verbundenheit und das Eingewobensein aller in das Volk aus, und der Stammesfürst hegte höchstes Vertrauen in diese Gelehrten.

Im Ganges, einem heute weitgehend unbekannten Nebengipfel des Dobratsch, erkannten sie den Hüterberg, das Wesen des Berges selbst. Der Dobratsch galt als landschaftliches Herz, das die Energie der Verbundenheit in die Landschaft ausstrahlte, während der Ganges der Hüter dieser Energie war.

Wenn ich heute den Ganges besteige, ist diese Kraft deutlich wahrnehmbar. Es ist der Ausdruck einer aktiven Yang-Kraft, der Ausdruck eines klaren Feuerwesens, welches schützend, manchmal drohend und kämpfend die Energie des Dobratschs bewahrt. Wohl aus diesem Grund hatten unsere Vorfahren jenen Berg ihrem Kriegsgott, Lenus oder Wotan, geweiht, der genau diese Kraft verkörperte - ähnlich dem Erzengel Michael, der im christlichen Glauben dieser Qualität mit seinem Schwert Ausdruck verleiht. Auch viele andere Götter der Kelten sind im Übrigen durchaus mit den Heiligen und den Erzengeln unserer Kirche vergleichbar.

Die Weisen und Schamanen kannten die Kraftzentren rund um den Ganges und den Dobratsch und geleiteten ihre Kranken und Verletzten an jene Orte. Man legte sie auf jene Plätze, ließ sie ruhen und wartete, bis die Qualität der Ortes heilsam auf den Kranken einfloss und auf ihn einwirkte. Vergleichbar mit der heilsamen Kraft der Pflanzen, schrieben sie auch den verschiedenen Plätzen unterschiedliche heilende Kräfte zu.

Einer dieser kraftvollsten Orte war die Dert. Die Dert ist eine Erhebung aus Sandstein, die am Fuße des Dobratsch liegt. Noch heute findet man Hügelgräber rund um diese Naturerscheinung, die aber von Archäologen nicht als solche erkannt worden sind, weil man keine menschlichen Überreste darin gefunden hat. Die Kelten hatten aber oft den Brauch, den Toten nicht im Hügel zu begraben, sondern darauf. Man hatte so wohl den Wunsch, das Fleisch der Natur zurückzugeben, der Sonne, dem Wind, aber auch den Wölfen und anderen Tieren, weil die Seele ohnehin nach dem Tod nicht mehr an den Körper gebunden war.

Die Dert bildete das spirituelle Zentrum der vier Siedlungen, die genau in einem Stern, dessen Strahlen in die vier Himmelsrichtungen weisen, auf Anhöhen gebaut worden waren. An bestimmten Tagen, wie zu Vollmond oder zu Beltane, pilgerten die Völker dorthin, um einen Heilssegen vom Druiden zu bekommen, der leise murmelnd in genau bestimmten Schritten um die gelegten Steine der Dert schritt und so die Kräfte der Natur und der umliegenden Berge beschwor. Danach wurde meist gefeiert - und der Kelte kannte viele solcher Feste. Die bekanntesten waren, wie zuvor bereits erwähnt, Beltane, das unserem Osterfest ähnelte, oder Lugnasad zum Zeitpunkt des heutigen Mariä Himmelfahrt, Imbolc zu Lichtmess oder Samain zu Allerheiligen. Wir haben viele dieser Bräuche übernommen, die genau zwischen der Sommersonnenwende, der Tagundnachtgleiche, der Wintersonnenwende und der Frühlingstagundnachtgleiche angeordnet sind. Aus dieser Anordnung entstand ein genaues Schema zwischen

Bild 16: Der Dobratsch und sein Hüter, der Ganges, links im Bild

16

den vier Elementen, den vier Himmelsrichtungen und dem Kosmos. Es ist vergleichbar mit dem Medizinrad der Indianer.

Nach und nach erkannten die Druiden aber, dass sich etwas auf dem Planeten zu verändern begann und dass eine andere Ära anbrechen würde. Von überallher drangen kriegerische Völker in die Gebiete ein, und die größte Veränderung brachten wohl die Römer.

Mit dem römischen Imperium ging die Kultur der Kelten in wenigen Jahrzehnten unter. Die Römer zogen kämpfend und oft alles vernichtend durch das Land, vermischten sich mit den Völkern oder brachten sie um. Sie schlugen die alten Bäume um, brannten die Heiligen Haine nieder und zerstörten die Steinkreise, um ihre Tempel darüber zu bauen und die Macht ihrer Götter zu demonstrieren. Die meisten unserer Kirchen und Klöster stehen heute auf den alten Kultplätzen und Kraftorten unserer Vorfahren und sind fester Bestandteil der christlichen Kirche.

Die Druiden wussten aber von ihrem Schicksal, wussten, dass alle Männer, die Macht oder Wissen ausstrahlten, von den Römern umgebracht würden, und übergaben ihr Wissen den Frauen, die in der späteren Geschichte aufgrund ihrer Naturverbundenheit von der Kirche oft bis in die jüngste Geschichte als Hexen verfolgt und oftmals blutrünstigst im Namen Gottes umgebracht worden sind.

Ich möchte mit diesen Gegenüberstellungen nur ausdrücken, dass wir mitten in diese Kultur hineingeboren wurden, welche von unseren Urahnen bereits gelebt worden ist und die durch Bräuche und alte Traditionen weitergetragen wird, überliefert durch Sagen und Märchen, Epen und Verse. Man kann Druiden und Hexen umbringen, Völker auslöschen, Bäume und Wälder niederbrennen, aber dem Wesen der Natur und der Urkraft der Erde, die überall den Völkern eine Basis für ihren Glaubens gab, wird man dennoch nichts anhaben können. Die Erde wird weiterleben, und die Berge werden immer mächtiger sein als der egoorientierte Wille der Menschen.

Unsere Kulturen und Religionen sind eben seit jeher aus nur einer Natur gewachsen, die auch von Christus selbst im Neuen Testament an uns weitergegeben worden ist. Und wenn wir noch kurz beim Christentum bleiben: Viele heilige Berge hat es im Christentum gegeben, und auch Moses hat die Zehn Gebote auf einem Berg erhalten, am Berg Sinai. Heilig aber sollen uns alle Berge sein, weil jeder eine andere Stimme Gottes in sich trägt und der Mensch diese in der Stille seines Herzens hören kann, gleich welcher Religion, welcher Herkunft oder welcher Überzeugung er ist. Der Friede in uns verbindet den Menschen mit der Erde und schafft um uns eine Aura, die nicht verletzt werden kann.

Praktisches Erfahren

Unsere Ahnen und ihre Plätze wahrnehmen

Bei dieser Wahrnehmung geht es darum, zurück in die Geschichte zu reisen. Wir benötigen hier nicht wirklich einen geschichtlichen Unterricht bzw. das Wissen, wo sich ein Kraftplatz unserer Ahnen befunden hat.

Wir lassen uns einfach in Resonanz bringen und suchen uns einen Ort, der für uns eine alte Energie ausstrahlt und der uns positiv in Anziehung bringt. Dies kann auch ruhig eine Kirche sein oder ein Kloster, von dem wir wissen, dass es schon sehr alt ist.

Wir gehen also in Verbindung mit dem Ort, stimmen uns ein und lassen die Eindrücke in uns entstehen. Der Fokus bei dieser Übung liegt allerdings darauf, dass wir nicht die momentane Qualität des Platzes erkennen wollen, sondern wie dieser von unseren Ahnen genutzt worden ist. Hierbei können Bilder entstehen, die in der Erinnerung des Ortes gespeichert sind.

Schlusswort

Als ich begann, dieses Buch zu schreiben, wusste ich weder, dass ich es einmal zu Ende schreiben werde, noch dass es jemals veröffentlicht wird. Ich schrieb die Zeilen fast ausschließlich im Urlaub, als ich Zeit fand, neben dem Beruf und all den Verpflichtungen meiner Leidenschaft, dem Schreiben, nachzugehen. Andererseits wollte ich mitteilen, welche Welt und welche Sicht sich im Laufe der Zeit in mir entwickelt hatten, in welchem Licht ich die Natur und die Berge erkannte und welche Erfahrungen ich bei all meinen Wanderungen gemacht hatte. Freilich tauchte ich dabei in Kriege ein und wurde Beobachter, wie tief die Abdrücke der Menschen in der Erde sind. Und manchmal war ich wie getrieben, diese Abdrücke zu finden, um sie heilend verwischen zu können. Doch verwischen konnte ich nichts. Ich erkannte nach und nach, dass jede Spur, die ich gefunden hatte, auch meine eigene war - und zugleich unser aller Abdruck. Und so verfolgte ich die Spuren zurück, wanderte auf und wanderte ab, ging hin und her, drehte mich im Kreis und blieb schlussendlich müde vor Erschöpfung stehen. Und hierbei offenbarte sich der Weg zurück, den wir alle als Kollektiv gegangen sind.

Jenen Weg zurück, so merkte ich, kann man nur durch Stille und Bescheidenheit finden. Denn nur mit diesen Attributen ist es möglich, die Schönheit zu erfahren - die Ausstrahlung, die jede Landschaft und jeden Berg so unterschiedlich und doch so einzigartig umhüllt. Und natürlich durch tiefe Dankbarkeit, die mich oft staunen, oft lächeln, oft zurückschrecken, aber auch oft niederknien ließ, wenn sich mir die Natur mit all ihrer Macht offenbarte.

Aber auch Geduld und Ausdauer sind gefragt, wenn man von so überwältigenden Erlebnissen wieder nach Hause kommt und sich gleich darauf in den Alltag geworfen sieht. In einen Alltag, wo Menschen Menschen verfolgen, weil sie anderer Kultur, anderer Religion oder anderer Meinung sind. Einen Alltag, der oft von Neid, Hass, Missgunst und Verachtung geprägt ist. Einen Alltag, in dem Tiere gequält und zu Massen getötet werden und wo deren Leid in Wurstsemmeln verpackt und im Sonderangebot verhökert wird. Einen Alltag, in dem der eine den anderen denunziert, verdächtigt und auslacht, nur um einen persönlichen Nutzen daraus zu ziehen. Und in einen Alltag, in dem die Kräfte der Natur mit riesigen Maschinen zubetoniert, in Alufolie verpackt oder mit Styropor erstickt werden. In diesem Alltag verlernt man alles, was man zuvor vom Berg und seinen innewohnenden Kräften erfahren durfte. Man stumpft wieder ab und ertappt sich selbst dabei, irgendwelchen leeren Phrasen hinterherzujapsen.

Aber trotzdem, so glaube ich, kann man aus dieser Leere herausfinden, wenn man wieder in die Unberührtheit der Natur eintaucht und dieser mit höchstem Respekt gegenübersteht. Meiner Meinung nach brauchen wir hierfür keine großartigen Rituale, Heilsgesänge oder Meditationen. Wir brauchen auch keine Landschaftsheilungen, Offenbarungen, Steinsetzungen oder schrägen Überzeugungen. Wir benötigen nur tiefste Wertschätzung, wenn wir uns darin üben wollen, die Erde mit all ihren Bergen und Wundern zu deuten.

Dies erfordert keine große Anstrengung. Und es erfordert auch nicht, dass wir uns im Bergsteigen üben, in Kraft, Ausdauer und Technik, um auf den höchsten Gipfeln die einzig gültige Weisheit zu erfahren. Aber es erfordert die Bereitschaft, der Stille in uns mehr Raum zu geben und auf unser Herz zu hören, um die Sprache der Berge, der Natur und der Erde zu verstehen.

Wir alle sind noch nicht sehr geübt darin. Und jene, die glauben, mehr von dieser Sprache zu verstehen, verstehen noch weniger als wir. So soll dieses Buch als Einladung interpretiert werden, um diese Sprache der Berge und der Erde in uns wiederzufinden und vielleicht neu zu übersetzen. Und unsere Suche wird erst enden, wenn es keine Opfer und Täter in uns und um uns mehr gibt - denn dann sind wir alle selbst zum Berg geworden ...

Bildnachweise

Bild 3: © Jenny Sturm, fotolia.com; Bild 4 und 10: © JFL-Photography, fotolia.com; Bild 8: © mojolo, fotolia.com; Bild 12: © gevisions, fotolia.com; Bild 15: © Bergjournalisten, fotolia.com; alle übrigen Bilder: © Bernd Martinschitz

Über den Autor

Bernd Martinschitz, 1972 in Villach geboren, hat eine kaufmännische Ausbildung absolviert. Bereits in dieser Zeit begann sein Interesse an der schriftstellerischen Arbeit immer mehr zu wachsen. Als ihm während eines schweren beruflichen Burnouts und einem gleichzeitigen Übertraining im Marathonlauf die Schulmedizin nicht weiterhelfen konnte, begann er sich autodidaktisch in vielen Bereichen der komplementären Medizin weiterzubilden und seine sensitiven Fähigkeiten, die er seit seiner Kindheit wahrnahm, weiterzuentwickeln. Schlussendlich machte er Ausbildungen in vielen Richtungen der Massage und Körperarbeit, eine dreijährige Ausbildung zum Shiatsu-Praktiker und eine zweijährige Ausbildung zum geomantischen Berater.

Er arbeitet seit vielen Jahren in selbstständiger Praxis im Bereich Shiatsu, Geomantie, Yoga und Meditation und führt eine Buchhandlung in Arnoldstein in Kärnten. Sein großer Fokus gilt den vitalen Essenzen der Erde und der Natur und dem alten Heilwissen unserer Kulturen, welches er aus dem Schatten der Esoterik holen und durch Beschreibungen für unsere Zeit erklärbar und verständlich machen möchte.

176 Seiten, broschiert
ISBN 978-3-89845-399-8
€ [D] 14,95

Dirk Thomas

Botschaften der Waldfeen

Die reinigende Kraft der Natur

Dana, die Feenkönigin des Waldes, geleitet in ihre Welt und zeigt uns, wie wir unserem eigentlichen, göttlichen Wesen wieder näherkommen. Sie begleitet uns zu unserer inneren Weisheit und erklärt auch die Gesamtzusammenhänge unseres energetischen Umfeldes, um uns als Teil der gesamten göttlichen Ordnung wiederzufinden.
Wer den lichtvollen Hinweisen folgt und die versöhnliche Hand der Fee ergreift, steht am Ende des Buches vor einem bedeutenden Schritt: Dem Weg in den eigenen Garten Eden ...

256 Seiten, broschiert
ISBN 978-3-89845-353-0
€ [D] 16,90

Ellen Vande Visse

Der spirituelle Garten

Wie Naturgeister uns helfen

Ellen Vande Visse lädt Sie ein, harmonisch mit dem Naturreich zusammenzuarbeiten. Unterhaltsame Erzählungen erläutern Schritt für Schritt, was Sie tun können, um gemeinsam mit der Natur zu gärtnern und mit den Elementarwesen zu kommunizieren – vollkommen unabhängig davon, ob Sie medial veranlagt sind oder nicht.
Der spirituelle Garten lehrt uns, mit den Pflanzen als Lebewesen zusammenzuarbeiten. Ein Buch über außergewöhnliches Gärtnern, das Sie bis zur letzten Seite nicht mehr aus der Hand legen werden.

192 Seiten, broschiert
ISBN 978-3-89845-427-8
€ [D] 12,95

Bettina Schmidt

Der spirituelle Kräutergarten

Wesen und Seele unserer Heilpflanzen

Die Heilpraktikerin Bettina Schmidt offenbart uns die magischen, kulinarischen und medizinischen Eigenschaften der Kräuter. Sie ermuntert uns dazu, einen Kräutergarten anzulegen und hilft uns bei der Planung und Durchführung.
Lernen Sie die positiven Eigenschaften der Kräuter kennen und erfahren Sie, wie Sie diese einsetzen können. Viele Rezeptvorschläge für das Kochen mit Kräutern machen Lust auf die frische Kräuterküche. Praktische Anwendungsmöglichkeiten bei Erkrankungen helfen Ihnen, eine wirkungsvolle Hausapotheke zu schaffen.

160 Seiten, mit Farbteil, broschiert
ISBN 978-3-89845-344-8
€ [D] 12,95

Sigmund Schuster

Gesund schlafen mit der Heilkraft des Holzes

Der lebensfreundliche Schlafplatz

Unser Schlafplatz übt einen entscheidenden Einfluss auf unsere Gesundheit und unser Wohlbefinden aus.
Sigmund Schuster zeigt uns, wie jeder Schlafplatz zu einem energetischen Ort umgewandelt werden kann, der sich positiv auf unser Wohlbefinden und unsere Gesundheit auswirkt. Er erklärt, wie wir die Lichtkraft des Baumes und somit die Heilkraft des Holzes in einem "NaturkraftSchlafplatz" bündeln können. Praktische Tipps zum Ausbau eines solchen lebensfreundlichen Schlafplatzes und dessen positive Auswirkungen auf unsere Seele und unsere Gesundheit helfen uns, den Schlaf für die Heilung unseres Körpers und Geistes zu nutzen.

460 Seiten, viele Abb., gebunden
ISBN 978-3-930243-14-3
€ [D] 24,60

Callum Coats

Naturenergien verstehen und nutzen

Viktor Schaubergers geniale Entdeckungen

Callum Coats erschloss in 15-jähriger Forschungsarbeit das revolutionäre, aber vielfach schwer verständliche Werk des Erfinders Viktor Schauberger (1885-1958) und führt uns in die faszinierenden Geheimnisse der Natur ein – mit Themen wie: Levitationsenergien des Wassers, Wirbelbewegung als energetische Grundlage, Bäume als energetische Biokondensatoren, Wald als fundamentale Lebensgrundlage, Steigerung der Bodenfruchtbarkeit durch Energie, die Erfindung einer Freie-Energie-Klimaanlage, dezentrale Energiegeneratoren u.v.m.

208 Seiten, broschiert
ISBN 978-3-89845-414-8
€ [D] 14,95

Heidi Findeis

Die Kraft der Naturmystik

Mit der Spiritualität der Natur sich selbst spüren

Heidi Findeis begleitet uns mit einfühlsamen Übungen und schamanischem Wissen auf unserem ganz persönlichen Weg. Wir erfahren die Wandlung aus einem beengten Leben in die Weite und Größe unserer wahren Existenz, in der die Kraft des Universums dafür sorgt, dass wir alle gehalten werden.
Die Autorin beschreibt den Schamanismus dabei erstmals nicht als bloße Technik, die wir praktizieren, sondern als eine neue Art zu leben. Als eine Möglichkeit, unser Leben zu bereichern und es groß werden zu lassen.
Ein Buch, das erhebt und zum Zauber des Lebens geleitet ...

288 Seiten, 2-farbig,
Flexocover, inkl. Karte mit
Energetisierungs-Symbol
ISBN 978-3-89845-561-9
€ [D] 19,95

Werner Hartung & Anne Stallkamp

Neue Geomantie

Heilung des Menschen und der Erde

Mit geomantischem Wissen Mensch und Erde wirksam heilen: Die Autoren zeigen, was Geomantie ist und wie wir sie betreiben können, und bieten einen völlig neuen Ansatz: die »Neue Geomantie«, eine Methode zur Heilung der Erde im Einklang mit der Schöpfung. Wenn der Mensch seine Kräfte und sein Wissen um die Nutzung feinstofflicher Schlüsselenergien nutzt, können damit Lebensräume entstört, energetisiert und gestaltet werden. Die Autoren stützen sich dabei auf mediale Anleitungen aus der geistigen Welt und dem Naturreich und energetische Möglichkeiten, die eine mentale Einwirkung auf die feinstofflichen Ebenen der Erde ermöglichen.

390 Seiten, gebunden
ISBN 978-3-930243-28-0
€ [D] 18,90

Bernd Senf

Die Wiederentdeckung des Lebendigen

Erforschung der Lebensenergie durch Reich, Schauberger, Lakhovsky u.a.

Begleiten Sie Bernd Senf auf dem Weg zu altem Wissen, welches fast verschollen geglaubt wurde. Aber nur fast, denn Menschen wie Schauberger, Reich und Lakhovsky erforschten dieses verschüttete Wissen. Entdecken Sie die Wurzeln und die praktische Anwendung dieses Wissens. Der Autor geleitet Sie zu einem grundlegenden Verständnis lebendiger Prozesse und dem Pulsieren des Lebens in Mensch und Natur. Er zeigt die Ursachen für die Blockierung oder Erstarrung der Lebensenergie und bietet Wege, sie wieder in Fluss zu bringen.

384 Seiten, Klappenbroschur
ISBN 978-3-89845-409-4
€ [D] 18,95

Myra

Saint Germains Vermächtnis

Das geheime Wissen über die Welt und das Leben

Saint Germain spricht Klartext über neuzeitesoterische Weltanschauungen und teilt uns seine Weisheiten über vielfältige Themenbereiche mit. Er klärt uns sowohl über Sinn und Unsinn der Astrologie, über Channeling, über die Schöpfung, über Kabbala, über Christentum und sogar über Kornkreise, wie über Politiker und Politik sowie über Verschwörungstheorien auf. Saint Germain räumt recht eindrucksvoll mit vielen »neuzeitesoterischen« Meinungen auf und stößt Personen und Dinge von einem Sockel herab, auf dem sie seiner Meinung nach nicht stehen dürften.

24 farbige Karten, Handbuch
144 Seiten, broschiert, in Box
ISBN 978-3-89845-548-0
€ [D] 18,95

Nadja Berger

Runenkräfte

Das Praxis-Set der Runenmagie

Nadja Berger hat intensive Erfahrungen mit Runen, diesen altgermanischen Kraft- und Lebenssymbolen, gesammelt und legt in diesem einmaligen Orakelset mit 24 Runenkarten eine neue Interpretation des Altgermanischen Futhark-Runenalphabetes vor.
Dieses inspirierende Runenset mit seinem praktischen Anleitungsbuch gibt sowohl dem Einsteiger als auch dem Runenkundigen umfassende Auskunft über die Handhabung dieser Kraftsymbole.

120 Seiten, 2-fbg., broschiert
ISBN 978-3-89845-452-0
€ [D] 12,95

Silke Gramer-Rottler

Was uns alle trägt

Die Kraft des Urvertrauens in einer reizüberfluteten Welt

Wir leben in einer schnelllebigen Welt, in der Hektik, Ignoranz und Ängste unseren Alltag bestimmen.
Silke Gramer-Rottler zeigt uns, wie wir zurückfinden können zur berühmten Leichtigkeit des Seins. Sie erklärt uns, wie wir in unserem Leben wieder Raum schaffen können für die wesentlichen Dinge und wie dadurch die ganzen Unsicherheiten des Alltags verschwinden.
Dieses inspirierende Buch fordert uns alle auf, innezuhalten in unserer schnelllebigen, reizüberfluteten Welt und uns auf den Weg zu machen, unseren Ängsten zu begegnen, um zu erfahren, dass das Leben uns trägt.

264 Seiten, gebunden
ISBN 978-3-89845-058-4
€ [D] 14,90

Wladimir Megre

Anastasia – Die Energie des Lebens

Das Wesen eines Menschen besteht aus einer Vielzahl verschiedener Energien. Eine dieser Energien ist die Gedankenkraft – der Ursprung aller Dinge –, die trainiert und gefördert werden muss. Anastasia zeigt in diesem Buch u.a., wie man es schaffen kann, seine Gedankenkraft auf ein höheres Niveau zu heben. Wenn dies allen Menschen gelingt, wird Frieden, Freiheit und Glück für alle möglich. Sie kreiert damit einen Traum, der auch in Deutschland von vielen geträumt wird. Und die Energie unserer Träume ist die stärkste Energie, die es gibt. Es ist die Energie des Lebens.

Weiterführende Informationen zu
Büchern, Autoren und den Aktivitäten
des Silberschnur Verlages erhalten Sie unter:
www.silberschnur.de

Natürlich können Sie uns auch gerne den
Antwort-Coupon aus dem beiliegenden
Lesezeichenflyer zusenden.

Ihr Interesse wird belohnt!